Adrián Sosa Nuez

Historia Artabana

Adrián Sosa Nuez

Historia Artabana

Czwarty mądry człowiek

Wydawnictwo Bezkresy Wiedzy

Imprint

Cover image: www.ingimage.com

This book is a translation from the original published under ISBN 978-620-0-11101-2.

Publisher:
Wydawnictwo Bezkresy Wiedzy
is a trademark of
Dodo Books Indian Ocean Ltd., member of the OmniScriptum S.R.L Publishing group
str. A.Russo 15, of. 61, Chisinau-2068, Republic of Moldova Europe
Printed at: see last page
ISBN: 978-620-2-44799-7

Spis treści

Cierpliwość to drzewo z gorzkim korzeniem, ale bardzo słodkim owocem.

przysłowie perskie

I

Kiedy dali mu wiadomość, nie mógł w nią uwierzyć; ale prawdą było to, co obwieszczały pisma święte: Mesjasz miał się narodzić, a znak jego przybycia będzie widoczny na niebie.

Artabán był jednym z najpopularniejszych alchemików w mieście Asur. Tak bardzo, że nawet faraon egipski, podczas jednej z wizyt na ziemiach wschodnich, był zdumiony swoimi wyczynami jako gorzelnik eliksirów. Nie tylko można było stać się śmiertelnikiem, ale szczególnie wyróżniał się on z powodu odurzających i przyjemnych skutków, jakie wywoływał; nazywał to "wodą radości". Przed wyjazdem Ramzes zaoferował mu wszystkie ziemie, których pragnął w wielkim kraju nad Nilem, ale czarodziej miał na myśli inne projekty o wiele ważniejsze niż bycie zwykłym posiadaczem ziemi w obcym kraju.

W tym czasie król Dariusz, jeden z najbardziej krwiożerczych i gwałtownych monarchów, jakich miała wielka Persja, szedł przez hebrajską pustynię na spotkanie z wojskami rządzonymi przez Aleksandra Wielkiego, młodego cesarza spragnionego władzy, który tęsknił za zakończeniem hegemonii perskiej, która trwała przez tak wiele wieków na wschód od ziem Hetytów. Wszyscy ludzie w mieście zostali powołani, ale generał Al-Farabi uznał, że najlepiej będzie zostawić czterech wielkich mistyków imperium, w tym Artabana, odpowiedzialnych za twierdzę.

Melchior przybył do Asur, gdy miał tylko cztery lata. Jego rodzice wierzyli, że najlepszą rzeczą dla ich syna, widząc łatwość, z jaką zdobywał wszelką wiedzę, jest przeniesienie się do krainy, w której wszędzie płynęła kultura. Tylko umiejąc czytać, młodzi ludzie szybko awansowali na stanowisko w sądzie, a jeśli także doskonalili się w jakiejś nauce, stali się częścią prężnej arystokracji. Zarathustra odcisnęła wielkie piętno na całym imperium, a jego dogmaty były tak respektowane, że nikt nie mógł się oprzeć wstydu oskarżonego o bycie renegatem; Melchior został zmuszony do nawrócenia, co głęboko naznaczyło jego wizję świata. W twierdzy Asur przez większość dzieciństwa mieszkał z trzema zagalami, które doskonaliły się w różnych umiejętnościach.

Pierwszy z nich nazywał się Gaspar, młody człowiek z ochrowymi włosami, który posiadał dar dobroci. Był z urodzenia Moabitessą i jako dziecko odwiedzał świątynię, gdzie zastanawiał starszyznę rady nad swoim mistrzostwem w sztuce liczb, bardziej znanym jako matematyka. Gdy dorastał, Arkan, Najwyższy Kapłan Moaba, przejął jego instrukcje i doskonalenie w dziedzinie rachunku. Wiedział, że chłopiec jest w stanie rozdzielić, na równych prawach, wielkie legendarne postacie logiki, wśród których był już czcigodny Pitagoras. Sława chłopca stała się taka, że podczas inwazji Persów na Izrael, został zabrany do jednego z najważniejszych ośrodków kulturalnych, odległego miasta Assur.

Drugi, zwany Baltazarem, leżał w swoim zygzakowatym zygzakowatym, leżał wśród stosów słomy, które przygotowywał do odpoczynku między porannymi badaniami a popołudniowymi eksperymentami. Poczynił wielkie postępy w katalogowaniu gwiazd, które były niemożliwe do zobaczenia dla ludzkiego oka. W tym celu wykorzystał ciekawy astrolabium, które otrzymał w wyniku operacji barterowej z kupcem z Zachodu, który był zdumiony wielką perłą Morza Czerwonego, którą mistyk dał mu w zamian. Astronomia była najstarszą nauką i tą, w której czarny magik był najlepszy; przez kilka lat żył z niej jako instruktor młodej greckiej klasy szlacheckiej, posuwając się nawet do rozmowy z samym Arystotelesem, jednym z najbardziej prestiżowych mężczyzn ze wszystkich polis hellenistycznych. To, co najbardziej zafascynowało go w kraju filozofów, to liczba instytucji, które powstały na rzecz edukacji; Grecja chciała być potężnym imperium, a do tego potrzebowała wysoko wykształconych gubernatorów, którzy zagwarantowaliby minimum stabilności politycznej.

Każdej nocy spoglądałem w gwiazdy w nadziei, że znajdę znak, o którym tak wiele słyszałem od tajemniczego ludu hebrajskiego. Oczekiwali wybawiciela, króla królów, przywódcy, który zapewniłby ich o zakończeniu okrutnego okresu niewolnictwa, który zmniejszył wiarę ludu. Przed wpadnięciem w ręce Persów Aszur należał do bogatego imperium Mezopotamów, które poddało przodków obecnego narodu żydowskiego surowej służbie. Zostali zmuszeni do wyrzeczenia się swoich przekonań poprzez nakłonienie ich do karmienia się miąższem świni, zwierzęciem, które było dla nich nieczyste, a to oznaczało wyrzucenie życia służby i posłuszeństwa wobec ich szanowanego boga Jahwe. Intryga wielkiego króla Nabuchodonozora nie trwała długo i kazał on zbadać każdy centymetr kultury hebrajskiej, domagając się nawet informacji o swoich nadziejach na zbawienie. Nie była to drobnostka, która została odkryta, a przede wszystkim była to zapowiedź przyjścia Syna Bożego, który położy kres tyranii i wywyższy swój lud nad całe oblicze ziemi.

Dzielili się oni całą swoją wiedzą, ponieważ wiedzieli, że jest to jedyny sposób na osiągnięcie pożądanych celów. Nacisk, któremu poddawani byli magowie, wzrastał, ponieważ pokładano w nich nadzieję wszystkich potomków królestwa, zwłaszcza w dziedzinie medycyny. Egipcjanie byli pod tym względem o wiele lepsi od nich, posuwając się nawet do przeprowadzania procesów balsamowania, aby zmarli, o których mowa, mogli pewnego dnia dotrzeć do niebiańskiej ojczyzny. Początkowo praktyki te dotyczyły tylko klas szlacheckich, później jednak stały się powszechne. W Mezopotamii również zdrowie było najważniejsze, a mężczyźni, którzy się nim cieszyli, byli uważani za ulubieńców wielkiego boga Ahura Mazdy.

Jeśli ktoś w Assur zdobył reputację uzdrawiającego nawet najpoważniejszą chorobę, to był to Artaban; w nielicznych przypadkach, gdy nie udało im się wyleczyć swoich ziołowych eliksirów, przynajmniej pomogły one złagodzić dolegliwości. Niewielu było wtajemniczonych w tę naukę, na pewno pod wpływem przerażającego kodeksu Hammurabiego, który opisywał rodzaj tortur, jakim powinien być poddawany każdy lekarz w przypadku zaniedbania.

Czwórka była bardzo kochana, zarówno za relacje między nimi, jak i za ich ciągłą walkę w poszukiwaniu dobra ludzi. To była jego filozofia życia, robić to, co słuszne, nie szukając niczego w zamian.

Jeśli jeden zaczarował drugiego i nie może się usprawiedliwić, zaczarowany pójdzie do rzeki, zostanie wrzucony do niej; jeśli rzeka go utopi, ten, kto go zaczarował, odziedziczy jego dom; jeśli rzeka go uniewinni i zwróci mu bezpiecznie, zaczarowany może umrzeć, a ten weźmie swój dom.

Ustawa o Kodeksie Hammurabiego

II

Artaban i jego ludzie zostali wezwani przez generała o świcie. Al-Farabi cieszył się opinią osoby szorstkiej, z którą rzadko można było nawiązać rozmowę; wręcz przeciwnie, magicy zdołali zdobyć jego sympatię i dzięki temu mogli żyć z pewnymi luksusami, którymi niewielu obywateli mogło się cieszyć. Dostarczał im wszelkiego rodzaju przysmaki, nierzadko wystawne ubrania, a także inne towary wspierające wszelki postęp naukowy, jakiego dokonali. Negatywną stroną było jednak to, że zapotrzebowanie zarówno ze strony generała, jak i wielkiego króla Dariusza stawało się coraz bardziej palące. Po przybyciu do twierdzy, przyjęcie gospodarzy wzbudziło podejrzenie, że coś jest nie tak.

-Moi drodzy przyjaciele, generał się przywitał. -Proszę usiąść." Wysłuchali rozkazów, które otrzymali i przygotowali się do wysłuchania czegoś, co prawdopodobnie sprawiłoby im kłopot. -Jak dobrze wiesz, wielki Darius zmierza do ataku, który najprawdopodobniej będzie miał miejsce na ziemiach fenickich - kiwnął głową z szacunku. -Jak przewiduje nasz zodiak, będzie to najkrwawsza bitwa, jaką kiedykolwiek stoczyło Imperium Perskie. Najpilniejszym problemem jest to, że kończy nam się broń i musimy zwrócić się do kowali w górach Kurdystanu; niestety złoto nie spada z drzew, ale wiem, że da się to zrobić. Minął rok, odkąd poprosiłem cię o ten kamień filozoficzny, a teraz pilnie go żądam.

-Oh, mój wielki generale! Nasza święta Ahura Mazda dobrze wie, że zrobiliśmy wszystko, co w naszej mocy, aby spełnić Twoje życzenia", odpowiedział Gaspar. -Nie ma nocy, kiedy nie upewnimy się, że zamienimy bezużyteczny ołów w cenne złoto, ale wiem, że nadal potrzebujemy czasu.

-Mężczyzna, który ostrzega, nie jest zdrajcą. -Ostrzegam tylko, że Darius nie wysłałby swoich najwyższych dostojników, by poinformowali nas o nieistotnej sprawie. Z twoich słów wynika, że sprawa jest bardziej przeciągająca się niż się spodziewasz, a jeśli na czymkolwiek się opieram, to znaczy, że doświadczyłem we własnym ciele, że cierpliwość Dariusza wkrótce się wyczerpała. Nie mogę stanąć przed nim z prostym nektarem, który służy tylko do odwrócenia uwagi od melancholii" - powiedział Farabi.

Po naganie generała, wrócili do swoich obowiązków, obarczeni udręką kogoś, kto czuje bezsilność biegnącą w jego żyłach. Jak zwykle, o zmierzchu czwórka z nich spotkała się, aby porozmawiać o wszystkim, co wydarzyło się w ciągu dnia. Nie było nocy, kiedy magowie nie wznosili toastów tajemniczą miksturą Artabana; to był właśnie główny temat dialogu.

-To niesamowite i wiem, że trudno w to uwierzyć, ale już po raz piąty powiedziano mi, jak wspaniała jest moja woda radości w łagodzeniu niewygód ducha", powiedział Artaban. -Gdybym miał za to płacić, jestem pewien, że mój majątek zostałby pomnożony ad nauseam.

Wiesz, co mówi przysięga Hipokratesa i co zobowiązuje tych, którzy przysięgają ją wypełnić - powiedział Melchior.

-Mógłbym to wyrecytować z pamięci," odpowiedział Artaban. - Ale to, co mnie martwi, mój drogi Melchiorze, to to, że zaczynam wierzyć w to, co ludzie mówią o tej cieczy. Jeśli spojrzeć na nas, jesteśmy w dobrym zdrowiu od czasu, gdy zaczęliśmy go brać, nie wspominając już o tym, że widzę cię jeszcze młodszego, niż powinieneś patrzeć na swój wiek.

-Nonsens! -krzyczał Balthazar z drugiego końca stołu. -Wiemy, że jeśli niemożliwe jest zdobycie kamienia filozoficznego za pomocą dostępnych nam środków, to o ileż bardziej możliwe będzie zdobycie eliksiru życia.

-Nie rozumiem cię, Baltazarze. Gazpar odpowiedział. -Ile wysiłku wkładasz w wiarę i pracę dla tego rzekomego króla królów, którego konstelacje przewidują, i ile przeszkód wkładasz w to, by nawet uszanować wielki owoc, który każdy z nas może osiągnąć dla dobra rodzaju ludzkiego.

-Mam nadzieję, że tak właśnie myślisz, Artabanie, ale zapewniam cię, że jeśli masz rację, to nie byłoby najlepiej ogłosić czterem wiatrom coś, co może utrzymać tyle mocy", powiedział Balthasar.

Balthazar miał rację. Głupotą byłoby zakomunikować takie ustalenie przywódcom, bo na pewno w mgnieniu oka wpadłoby ono w niepowołane ręce. Ufał swoim przyjaciołom, ale generał był już wodą z innego źródła; bez względu na to, jak wiele miał z nimi wspólnego, każdy wojskowy miał swoją cenę. Kiedy rozmowa się skończyła, poszli do swoich pokoi.

⛫

Ten dzień rozpocząłby się jak każdy inny, gdyby nie presja, jaką wywarł na nich magiczny kamień. Co gorsza, wieści dochodzące z frontu nie były zbyt zachęcające; król Dariusz był zmuszony dwukrotnie wycofać się, a najgroźniejsze było to, że Aleksander nie bał się go już najmniej.

Artaban co tydzień zbierał wszystkie rodzaje ziół, choć nie były one najcenniejsze, to dobrze skruszony szpinak łagodził kłucie ran. Znajdowały się one w miejscach bardzo trudno dostępnych, więc kiedy wychodził ich szukać, zawsze prosił jednego z braci magików, aby mu towarzyszył. Tego dnia cieszył się towarzystwem Gaspara i nie mógł przegapić okazji, by przekazać mu to, co zachował dla siebie i czym chciał się z kimś podzielić.

-Gaspar, wiesz, że może zbyt wysoko cenię sobie twoją opinię. -Dlatego chcę się z tobą podzielić pomysłem, który prześladuje mnie od dawna, od kiedy pamiętam.

-Nie ma wątpliwości, że postaram się odpowiedzieć ci jak najbardziej poprawnie.

-Chcę, żebyś pokazał mi swoje stanowisko w sprawie pogłoski o przyjściu Syna Bożego.

-Wiem, że znasz *cię na* tyle dobrze, by wiedzieć, że zapytałbyś mnie dokładnie o to", powiedział Gaspar. -Uważam, że pańskie pytanie jest na czasie i muszę dać panu znać, że ślepo wierzę w to, co nadchodzi. Hebrajczycy pokazali, że prawdziwym bogiem bogów jest nikt inny, jak tylko Pan, którego nazywają Adonai.

Tak się składa, że była to również odpowiedź, której oczekiwał Artabán.

Ten, kto nie wierzy w magię, nigdy jej nie znajdzie.

Roald Dahl

III

W końcu mi się udało. Melchior mógł się pochwalić, że ma wzniosły, magiczny kamień w swoich zwietrzałych rękach. Teraz stoliki zostały odwrócone i wydawało się, że to Persowie mogą aspirować do światowej dominacji. Formuła, dla której wielu uległo, była przez cały czas przed nim, ale odkrycie było pełne szczęścia. Tuż przed wyjazdem na rynek Melchior badał, jak to robił codziennie, pitagorejskie twierdzenie; w tych obliczeniach znalazł dokładną proporcję czarnej skały, która była niezbędna do utrzymania stabilności w procesie aurycznym. Do tego momentu ignorowałem go, ale wystarczyło dodać do eksperymentu kawałek kwarcu, aby mieszanka była skuteczna. Kiedy potwierdził hipotezę, poszedł prosto do swoich kolegów.

-Bóg wysłuchał naszych modlitw, bracie! -krzyczał Melchior w wywyższeniu. -Słuchaj, weź to sobie i uwierz w to", powiedział do Gaspara, gdy ten przyniósł mu kamień.

-Widzę, że to masz, -powiedział Gaspar. -Ale wiesz równie dobrze jak ja powód, dla którego wysłano nas po niego, wielu ludzi umrze z jego powodu i nie chciałbym żyć, aby zobaczyć, co się stanie.

-Gazparze, wróg nie jest miłosierny. W tym przypadku nauka jest ostatnim zasobem, który może powstrzymać rozgniewanego półboga Melchiora. -Nie wiem jak ty, ale ja kocham swoją kulturę i nie pozwolę, żeby mi ją odebrano, jeśli będę mógł coś z tym zrobić.

- Jesteś tak samo namiętny jak mądry, a to zaszczyt dla ciebie, bracie, więc będę ci towarzyszył w twoim wystąpieniu przed Al-Farabi" - odpowiedział Gaspar.

Przed umówionym wieczorem spotkaniem z generałem, wiadomość dotarła do uszu dwóch pozostałych czarodziejów.

-*Wasza* Ekscelencjo, ma pan to tutaj, powiedział Melchior do generała.

-Nie wiem, czy to się przyda naszym bliskim... Odpowiedział. - Minęły ponad dwa tygodnie od odwrotu, a ostatnia zasadzka zdziesiątkowała naszą armię na tyle, by zrezygnować z tej wojny. Chce, żebym zabrał cię z tej ziemi, która niedługo będzie grecka, aby zabrać cię w bezpieczne miejsce, gdzie możemy cię znaleźć na wypadek, gdybyśmy cudem zdołali opanować tę piekielną katastrofę. Prosi tylko, abyście złożyli przysięgę wierności przed świętymi tablicami; ja natomiast proszę was, abyście nie zdradzali tej cennej tajemnicy, nawet jeśli wasze życie jest w to zamieszane.

Niestety, wieść generała nie była wcale optymistyczna, zarówno dla przyszłości ludności, jak i dla ćwiczeń alchemicznych samych magów; gdyby to, co komunikowało wysokie dowództwo było prawdą, wszyscy mężczyźni w kraju zostaliby poderżnięci przez miecz, a zarówno kobiety, jak i dzieci zostałyby deportowane, aby służyć jako niewolnicy na terytorium Grecji.

Minął zaledwie miesiąc odkąd czarodzieje opuścili Asur. Osłonili mongolską granicę i udali się do małej wioski Asdod, gdzie czekałby na nich orszak, który pomógłby im wejść na miejsce, nie zwracając przy tym zbyt dużej uwagi.

Asdod był o wiele piękniejszy, niż sugerowały to komentarze pogan; choć w jego ludziach niewiele było ostentacji, pejzaże zdołały to złagodzić. Co więcej, spokój okolicy niewiele wskazywał na to, że niedaleko stąd, w kierunku zachodnim, toczyła się intensywna wojna. W Asdod nie było nikogo, kto nie miał rozciętych oczu i płaskiego nosa, co czyniło to jeszcze dziwniejszym, jeśli wygląd czarodziejów pasował do siebie. Po pobraniu opłat zagraniczni towarzysze zostawili je w swoistej chacie, nieco daleko od wioski; dzięki alchemicznemu odkryciu nie mieliby teraz żadnych skrupułów, by marnować swoje niewyczerpane źródło złota na wszelkiego rodzaju potrzeby.

Artabán chciał tylko pomyśleć o swoim zadaniu żniw, w przeciwnym razie nie przestaną mu przychodzić do głowy obrazy bólu, który w tym właśnie momencie odczuliby wszyscy mieszkańcy jego rodzinnego miasta. Inni bracia również postanowili się związać, aby zapomnieć o złym napoju, w którym byli i spędziliby więcej czasu, niż kiedykolwiek chcieli.

۩

Po śmierci Dariusza, wielki Aleksander Wielki ogłosił się panem i mistrzem całej Azji Mniejszej; jego pragnienie podboju nie zostało jeszcze zaspokojone, a on już przygotowywał kolejną armię do nowego przedsięwzięcia, które rozpocznie się na wschodnich stokach Indusów. Jego marzeniem było być cesarzem całej znanej ziemi.

Magowie zostali poinformowani o rozczłonkowaniu ich narodu i obawiali się, że w każdej chwili Aleksander pojawi się w Ashdod ze swoimi przerażającymi oddziałami. Wszyscy ci, którzy wiedzieli o istnieniu tych czterech alchemików, zostali unicestwieni lub wygnani, co zapowiadało, że ich cenna tajemnica pójdzie z nimi do grobu; jeśli nie staną się niewolnikami Greków, po raz pierwszy w życiu będą wolnymi ludźmi.

W Ashdod nie było wojowników, ponieważ rzadko dochodziło do konfliktów z sąsiednią wioską, która domagała się hołdu. Domy wykonane były z materiału, który bardzo łatwo się zapalał, tak że każdy bursztyn, nawet najmniejszy, w mgnieniu oka kończyłby wieś. Było jasne, że schronienie wybrane przez Al-Farabiego dla jego poddanych nie mogło być gorsze. Za pomocą kilku bryłek udało im się przekupić młodą kobietę z sąsiedniej wioski, by ostrzec ją, gdy tylko zobaczyła najmniejsze ryzyko, które mogłoby zagrozić ich życiu. Wszystko, co mogliby teraz zrobić, to modlić się i czekać.

۩

Robiło się ciemno, gdy Artaban bardzo szybko dostrzegł

zbliżającą się sylwetkę swojego posłańca na horyzoncie. Jego rysy zdradzały, że przyniósł wieści pełne nadziei.

-Mój panie, przynoszę ci bardzo ważne wieści.

- Ujawnij mi je, - odpowiedział Artaban.

-Trzy dni temu grecki generał Seleucus zawrócił w górach północy, powiedział. -Jego piechota nie mogła się już oprzeć silnej kawalerii wroga, a oni się poddali, zwracając znaczną część okupowanej ziemi.

-A co z Aleksandrem Wielkim? -Artaban pytał.

-Ciężko zachorował, według moich źródeł, z powodu złego żołądka, ale uważam, że został otruty", odpowiedziała kobieta.

Ze słów młodej kobiety Artaban uważał, że przyczyną wycofania się Greków nie było tylko zwykłe podrzędności w broni, ale cała sieć ukrytych interesów wśród mężczyzn bliskich cesarzowi, co z czasem oznaczałoby koniec wojny.

Wiek człowieka, widziany od wewnątrz, jest wieczną młodością.

Hugo Von Hofmannsthal

IV

Okres pokoju został już przedłużony o ponad dwadzieścia lat. Po wojnie Assur został zredukowany do gruzów; nie było tam teraz nic, co mogłoby zainteresować czarodziejów. Ale w Asdzie sprawy miały się zupełnie inaczej, zwłaszcza jeśli chodzi o jakość życia. Ten spokój, którym się cieszyli, powodował wielki postęp alchemiczny u magów; najważniejsze było to, że odkrycie Melchiora pozostało w tle, gdy odkryto, że Artaban uczynił grupę nieśmiertelną. Teraz nie było wątpliwości, że ślady czasu nie były widoczne u czarodziejów, ponieważ młodszy odkrył eliksir życia.

Żyli wiecznie; mijały pokolenia i przychodziły pokolenia. Powierzchowne więzi emocjonalne, aby nie ponieść zbyt wielkiej straty. Mieli tylko siebie nawzajem i, dzięki Bogu, nikt nie musiał marzyć o ich śmierci. Życie nabrało nowego życia. Tymczasowe obawy przestały być przedmiotem troski, a wydarzenia kulturalne pozostawiły je bez wyrazu. Czas był najtrudniejszy do zniesienia. Jeden dzień był dla nich jak tydzień, a chęć do życia nie była zbyt silna. Czasami chcieli nawet śmierci, która, jeśli nie została sprowokowana, przychodziła do nich tylko przez ścięcie głowy lub wykrwawienie.

-Możesz żyć tylko swoimi złudzeniami," powiedział Gaspar.

-Co jeszcze? -Melchior powiedział.

Tylko Baltazar miał okupację, która mogła trzymać z dala od smutku. Patrzył na niebo z przekonaniem, że z jednej chwili na drugą, co potwierdzają obliczenia Gaspara, pojawi się oczekiwany sygnał. Urządzenia, których używał, z biegiem czasu stawały się coraz bardziej wyrafinowane; teraz utknął w oku, z którym udało mu się przewidzieć dwa ostatnie zaćmienia Słońca.

Nadzieja astronoma zaczynała słabnąć, a noc stała się jego największym wrogiem; zastanawiał się, czy życie jest naprawdę warte życia, czy naprawdę istnieje Bóg, który był czystym napiwkiem. Pewnej nocy, tuż przed tym, jak został pokonany przez sen, coś kazało mu spojrzeć w kierunku wschodnim. Spojrzał tylko w górę i tam była, najbardziej majestatyczna gwiazda, jaką kiedykolwiek mógł sobie wyobrazić każdy człowiek, nawet sam Polar nie mógł jej dorównać; obietnica z ubiegłego roku została dotrzymana.

"O mój panie, jak duży jesteś i jak mały siedzę obok ciebie. Zbawienie czeka na nas." Myślałem, że Baltazar.

Nadszedł czas, czas był naglący, a oni musieli ruszyć jak najszybciej. Dziecko miałoby się wkrótce urodzić, a gwiazda poprowadziłaby je do swojego pokoju. Ofiary, które przynosili, były już przydzielone; Melchior przynosił złoto, mirrę do Gaspara, kadzidło do Baltazara, a olej i wino do małego Artabana w dużej ilości. Mało brakowało, by go przywieźli, bo zgodnie z proroctwem to dziecko odkupiłoby swój lud od wszelkiego zła. Zgodzili się udać do żydowskiego króla Heroda, aby przekazać mu wiadomości z pierwszej ręki; byli pewni, że okaże im swoje poparcie i będzie z nimi współpracował, w przeciwnym razie go oszukają. Ponadto, mieli na swoją korzyść doskonałą znajomość swojego języka, ponieważ jakiś czas temu zauważyli, że aramejski i inne dialekty będą istotne dla ich misji, czyniąc tym samym wysiłek w ich badaniu.

۩

Zabrali najlepsze wielbłądy z całego Wschodu i odjechali o świcie. Wszystko wskazywało na to, że będzie to podróż bez większych zakłóceń, ale pustynia nie była zbyt przewidywalna. Pierwszego wieczoru pojawił się silny wiatr zachodni, zagrażający większości zapasów; na szczęście byli na to przygotowani, gdyż

Melchior przyniósł ze sobą kilka lin, którymi udało im się zawiązać wszystko szczelnie, aby nic się nie rozproszyło.

Następnego dnia jego siła zaczęła słabnąć, szczególnie z powodu intensywnego upału, który zdołał stępić jego myśli. Noc po nocy prowadziła ich wspaniała gwiazda, która rysowała piękny zarys na ciemnym niebie i która bez wątpienia świeciła światłem, które rzadko można było zobaczyć w życiu. Przypadkowo kierunek, w którym podążali, był tym, w którym na wieki przed Imperium Greckim przyszło wymieść wszystko na jego drodze; teraz podążali w przeciwnym kierunku i właśnie po to, by siać nadzieję tam, gdzie nigdy wcześniej nie było.

-W tym tempie dotrzemy do celu w trzydzieści lub czterdzieści zachodów słońca.

-Jeśli wiatr ucichnie, myślę, że nawet dojdziemy tam wcześniej", sprzeciwił się Gaspar.

W związku z tym - powiedział Balthasar - mogę wam powiedzieć, że Ursa Minor przewiduje, że bardzo szybko pustynia wystawi nas na próbę.

Wyrażenie na twojej karnacji wydaje mi się, że moje sznurki nie wystarczą, by zdać taki test, a opóźnienie zagroziłoby naszej misji" - powiedział Melchior.

-Moi przyjaciele, dajcie spokój. Pan zapewni", powiedział Artaban.

Artaban skończył mówić dopiero wtedy, gdy grupa około dwudziestu najemników wyglądających na najemników pojawiła się znikąd i bardzo szybko się do nich zbliżyła. Wydawały się one pochodzić z terenów północnych, przypominając nawet barbarzyńskie cechy miejsc tak odległych jak sam horyzont. Rzucane przez nich spojrzenia sugerowały już, że ich przeszłość naznaczona była wrogością. Jeden z tych, którzy wydawali się być szefem, zaczął mówić w języku bardzo podobnym do jego własnego.

-Zatrzymajcie obcych! -Ostro powiedział: "Dokąd idziesz? - zapytał.

-Przebyliśmy długą drogę, aby załatwić tam sprawę handlową na ziemiach palestyńskich", powiedział Melchior.

-Nie wiesz, że jesteś w bardzo niebezpiecznej okolicy? Nie. - Zapytałem głównego żołnierza. -Huragany w tym regionie są niszczycielskie. Nikt nie wie, że przekroczył to miejsce żywcem" - powiedział.

Magowie poczuli, że obcy chcą ich zniechęcić do wejścia do sektora, który sami przejęliby siłą, unikając w ten sposób wszelkich prób szpiegostwa, które mogłyby im przeszkadzać.

-Z pewnością doceniamy tę radę," powiedział Melchor. - Zmienimy teraz trasę.

-Masz rację, żołnierzu. -Jestem pewien, że tutejsze sępy są bardziej niż zadowolone... Powiedział ironicznie.

Z komentarzem lidera, cały oddział zaczął się śmiać na koszt magików; wykorzystali też okazję do wyśmiania swoich kostiumów.

Za czasów króla Heroda, kilku magików przybyłych ze Wschodu pojawiło się w Jerozolimie mówiąc...

Ewangelia św. Mateusza

V

Nieoczekiwana zmiana trasy zmarnowała wiele czasu, choć jeśli się rozjaśniły, nie było jeszcze za późno, by dotrzeć na miejsce we właściwym czasie. Kilka dni temu zaczęło im brakować wody i niemal cudem znaleźli w środku pustkowia oazę, przez którą uzupełniali do maksimum swoje zapasy życiodajnego płynu. Niewiele osób pokonywało z nimi szlaki na pustyni; do grupy najemników dołączyło tylko kilku sprzedawców przypraw, którzy nierzadko namawiali magików do licytowania swoich bezużytecznych wyrobów w miejscu tak odległym od cywilizowanego świata. Burza ogłoszona przez Baltazara wydawała się być żałosna, a niemal nienormalny spokój obfitował w to miejsce utracone na rzecz Boga.

-Nie mogę znaleźć swojego oka, ale to oczywiste, że idziemy w dobrym kierunku", powiedział Baltazar.

-To prawda, odpowiedział Artaban. -Inaczej byłby to pierwszy raz, kiedy gwiazda zdołała cię zrzucić.

-Nawet jeśli te fałszywa chciały nam zaszkodzić, dotrzemy do nas zgodnie z oczekiwaniami, które Bóg w nas postawił", powiedział Gaspar. "Co lepiej przyjąć jego potomstwo niż tych, którym udało się odkryć jedną z wielkich boskich tajemnic! -On usiadł.

Te ostatnie niepokorne słowa Gaspara zdawały się sprawiać, że Pan czuł się niekomfortowo, ponieważ wieczór natychmiast zamknął się w ciemności. Niemal nietypowo, zaczęło lać się bardzo mocno i jak tylko mogli starali się schronić przed wielką burzą. Artabán był bardzo niechroniony i postanowił zdystansować się od swoich braci, idąc przez długi czas w poszukiwaniu czegoś, co pomoże mu uspokoić tę nieznośną sytuację. Jeśli wzrok go nie zmylił, zobaczył w oddali małą chatkę, w której mógł prosić o schronienie na noc. Nie był on zbyt duży gołym okiem, ale przydałby się na tyle, by dać mu tak pożądane ciepło. Spędził trochę czasu na próbach spojrzenia w głąb siebie, ale burza tylko przeszkadzała mu, sprawiając, że jego natarczywe krzyki zamieniały się w słabe szepty w pustce. Wyczerpawszy wszystkie możliwości wejścia, próbował podążać drogą, która prowadziła do jego braci, gdy nagle otworzyły się ciemne drzwi, a z ciemności, w poszukiwaniu odpowiedzi, wyszła dość mała i nieostrożna postać mężczyzny.

-Kto tam jest? -zapytał chwiejny.

-Czcigodny staruszku, potrzebuję karczmy na dzisiejszy wieczór", odpowiedział Artaban.

-Skąd jesteś, obcokrajowcu? -Zapytał jeszcze raz.

- Jestem pielgrzymem przybywającym z dalekiego wschodu - powiedział czarodziej.

- Na dworze jest bardzo zimno," powiedział staruszek.

Dom tego biedaka był daleki od gościnnego miejsca, ale wybory Artabana tej nocy nie wydawały się być zbyt liczne. Stary człowiek, jako dobry gospodarz, zaprosił go do swojego stołu i dał mu trochę owoców, trochę chleba i trochę wina. To nie było dużo, ale jego potrzeba sprawiła, że spróbował tych potraw, jakby były smakołykami. Zaczął się martwić o tę burzę i zapytał staruszka, jak daleko jest do najbliższej wioski, na co odpowiedział, że pewnego dnia kieruje się na wschód. Miejsce, o którym mowa, nazywało się Kafarnaum, a jego mieszkańcy zarabiali na życie łowiąc ryby.

Kiedy zaczęło się świtać, trzej przyjaciele Artabána zaczęli pozbywać się dużej ilości piasku, który nagromadził się poprzedniej nocy w ich ubraniach i rzeczach. Przeszukali ten teren w poszukiwaniu swojego zaginionego brata, ale znaleźli tylko pozostałości tego, co niedługo wcześniej byłoby częścią ich zniszczonego i źle położonego majątku. Nie bez skruchy za tę przykrą sytuację uznali, że najlepiej będzie odejść nie przestając modlić się, aby Pan wkrótce ponownie ich wszystkich zgromadził.

W międzyczasie Artaban sprawdzał stan swojego zwierzęcia; wydawał się być mało dotknięty fizycznie przez ten burzliwy epizod, więc nie miał już tam nic do roboty i musiał jak najszybciej wyjechać, aby uniknąć zbyt dużego dystansu między nim a jego ludźmi. Poszedł pożegnać się z miłym panem, gdy nalegał, by zostać przynajmniej do wieczora, ponieważ kilka dni wcześniej otaczała go grupa bandytów, którzy szantażowali go, by porzucił wszystko, co miał wartości, i bał się ponownie przeżyć to nikczemne wydarzenie w samotności. Czarodziej połączył słowa tego człowieka z tą samą grupą, która zmusiła go w poprzednim tygodniu do zboczenia z drogi, która uważana była nie tylko za najkrótszą, ale i jedną z najbezpieczniejszych; dlatego też, uznając, że nie była to sztuczka o podwójnych intencjach, przyjął propozycję starego człowieka jako hołd dla jego łask.

⩕

Straż Herodijska nie wahała się ani przez chwilę podnieść swojej broni przeciwko tym, którzy okazali się być wandalami od trzech do czterech. Wrażenie było nie mniejsze, gdy odkryli, że pomimo ich niezwykłych występów, była to grupa wykwintnych manier, która poprosiła o audiencję u władcy Galilei. Przewidując trudność osiągnięcia bez dalszego odbioru, trzej obcy przedstawili się jako magowie Wschodu wysłani przez tego samego Boga, aby przekazać to, co zostało zapowiedziane w proroctwach. Zainteresowanie Heroda spotkaniem z nimi było natychmiastowe i kazał swoim poddanym gorąco go powitać, aby nie wystraszyć jedynych bohaterów, którzy mogliby pomóc mu przetrwać ten monotonny dzień.

Pałac Heroda nie był porównywalny do wielkiej rezydencji zmarłego Al-Farabiego, ale jego podobieństwo do dworu greckiej architektury sprawiło, że dla takiego skromnego króla jak on był dość luksusowy. Nie był on z urodzenia Żydem, na tyle rozumnym, by liczyć na bezwarunkowe poparcie Imperium Rzymskiego - następcy Aleksandra, któremu podlegali w równym stopniu - i by Sanhedryn był kontrolowany przez ich rodaków Iduitów.

-Gdzie jest nowo narodzony król żydowski? -Melchior zapytał: "Widzieliśmy twoją gwiazdę na Wschodzie i przyszliśmy ją uwielbiać".

-O jakiego innego króla możesz prosić oprócz tego, który jest tuż przed tobą? -Herod odpowiedział.

-Mówimy o tym, który został ogłoszony przez Boga, który nie jest z tego świata i który raz na zawsze położy kres niesprawiedliwości", powiedział Gaspar.

Rozmowa trwała aż do momentu, gdy stała się bezsensownym dialogiem, więc magowie nie widzieli innego wyjścia, jak wyjść z pustymi rękoma. Ale Herod i cała Jerozolima, po ostrzeżeniu, byli zaskoczeni dobrą nowiną, tak że wszyscy arcykapłani i nauczyciele prawa zostały wezwane i zapytał, gdzie Mesjasz miał się urodzić. Odpowiedzieli powtarzając zdania z księgi *statków:*

-A ty, Betlejem, kraina Judy,
w żadnym wypadku nie jesteś w najmniejszym stopniu
wśród głównych miast Judy;
bo szef wyjdzie z ciebie,
który będzie pasterzem mojego ludu, Izraela.

Słowa Tory nie zdawały się przekonywać niewiernego króla, ale aby uniknąć buntu, który mógłby wstrząsnąć jego tronem, kazał zabić wszystkie dzieci Betlejemskie i całego jego okresu, które nie miały więcej niż dwa lata, według informacji, które otrzymał od mędrców.

Dziewica jest już w ciąży i rodzi dziecko o imieniu Emmanuel.

Jest 7,14

VI

Artabanowi udało się dotrzeć do Kafarnaum nie bez pokonania kilku drobnych przeszkód. Większe i bardziej nieoczekiwane były problemy, które miałem napotkać w tym odległym mieście, gdzie chaos był tak namacalny, że nawet gęstość środowiska utrudniała mi oddychanie. Na ulicy nie było ducha, a lamentacje, którym towarzyszyły krzyki, obfitowały od domu do domu. Całe oddziały żołnierzy z tarczami ozdobionymi metalowymi orłami robiły to, co na oczach czarodzieja wydawało się grabieżą. Wewnątrz tego wiru mistyk natknął się na jedyną osobę, która ze względu na swoje okoliczności zdołała wyalienować się od tak wielkiego cierpienia, która miała okazać się osobą niewidomą.

-Przepraszam, mój dobry człowieku, czy mógłbym cię zapytać o to, co tu się dzieje? -Artaban pytał.

-Niewidomy odpowiedział: "Byłbym niedbały, gdybym mu nie odpowiedział, bo choć nie widzę, jestem bardzo dobrze poinformowany o wszystkim, co się dzieje. Po krótkiej przerwie kontynuował. -Jestem ślepy od urodzenia i dziękuję niebiosom, że w moich czasach nie widziałem, co zły Herod kazał tu robić. Jeśli zabijanie niewinnych stworzeń jest nieludzkie, to na pewno jest to nieszczęście.

-Przepraszam, ale nie rozumiem, co próbujesz mi powiedzieć. - Powiedział Artaban, poruszony niedbałością swojego natychmiastowego wyglądu.

-Iskra rozpalona przez niektórych proroków ze Wschodu wybuchła w formie zabójstwa, by unicestwić niedawno urodzonego Mesjasza.

Oszołomiony słowami słyszanymi z ust niezamożnych, zdał sobie sprawę z powagi sprawy, która dręczy zarówno region, jak i jego własnych braci. Myślał, że Mesjasz, gdyby termin jego narodzin został dotrzymany, uciekłby od początku krwawego oburzenia. Zanim wyruszył na poszukiwania, doszedł do wniosku, że jeśli pomoże biedakowi, to może uda mu się dowiedzieć, gdzie przebywa jeden z nich. Na szczęście, niedaleko stamtąd, zobaczył karczmę, która najwyraźniej nie była zamknięta; wziąwszy go za rękę, towarzyszył mu w obecności karczmarza i tam zostawił go opłaconego za pobyt około dziesięciu dni, dość długi okres, który pozwoliłby mu ponownie prosić niezamożnych o wszelkie nowiny, dopóki jego opcje nie zostaną wyczerpane. Człowiek, który od urodzenia był niewidomy, był bardzo wdzięczny, ale nie chciał mu powiedzieć nic więcej, niż to, co już mu powiedział w obawie przed odwetem ze strony króla, biorąc pod uwagę, że tajemnice w tym miejscu od czasu ich dzielenia nie były już takie. Niezadowolony z siebie, Artabán głęboko medytował, zastanawiając się, gdzie zacząć patrzeć, i nagle, jak upadek z nieba, odpowiedź przyszła mu do głowy. Poprosił karczmarza, aby jak najlepiej traktował swojego gościa, pożegnał się z nimi obojgiem i poszedł do świątyni.

- Wiedziałem, że cię tu znajdę, Artaban.

-Oh, mój drogi bracie! Gdzie byłeś przez cały ten czas? -Gazpar zapytał.

-To nie ma teraz znaczenia", ostro odpowiedział Artaban. -Liczy się to, czy zastosowałeś się do tego postanowienia.

-Zrobiliśmy to, ale nie wszystko poszło zgodnie z planem, -powiedział Baltazar. -Namaszczony maszeruje z rodzicami do Egiptu.

-Przynajmniej daj mi znać, jak się nazywa", zapytał Artaban.

-Ma na imię Jezus, powiedział Melchior, który zatonął.

Świątynia zmieniła się znacznie od czasu, gdy mały Gaspar uczestniczył w cudowny sposób, po części z powodu piękna jej struktury, ale także, i z dużo większym powodem, z powodu liczby osób, które przeszły przez jej mury. Do Najwyższego Kapłana musiała dołączyć duża liczba Lewitów, poczętych jako proletariusze świątyni. Było też wielu tak zwanych uczonych w Piśmie Świętym, tych specjalistów od prawa, którzy byli odpowiedzialni za aktualizację Pisma Świętego. Ale to, co było naprawdę interesujące, to kontemplować, jak ci wszyscy ludzie nie robili nic w swoim życiu, ale służą Bogu żywemu, oferując mu cześć dzień po dniu.

Kapłani byli już świadomi obecności magików, podczas gdy oni, niezależnie od tego, co działo się wokół nich, kontynuowali swoją rozmowę.

-Błagam cię, powiedz mi, co się stało na tym spotkaniu.

Warto to powiedzieć - powiedział Baltazar - choć nie powinno się tego mówić. -Betlejem, podobnie jak inne obszary Galilei, był w strachu po kadencji gubernatora. Próbując przejść niezauważony, gwiazda poprowadziła nas do miejsca, w którym istota się narodziła i gdzie nadal jest ukryta. Drzwi były otwarte, a ten, który później okazał się być jego matką, pomachał nam. Gdy już tam byliśmy, przedstawiliśmy się i ci, którzy tam byli, matka Jezusa nazywała się Maryja, a mąż samego Józefa. Nie wydawali się zbytnio zaskoczeni, nie mówiąc już o tym, że obawiali się naszej być może niezwykłej wizyty, ale swoim powitaniem dali nam do zrozumienia, że w jakiś sposób spodziewali się naszego przybycia. Przekazaliśmy ich i byli bardzo wdzięczni, tak bardzo, że obiecali modlić się za nas do Pana. Pożegnaliśmy się i następnego dnia usłyszeliśmy, że wyjechali na pustynię Negeb.

- Nie może być tak, że dzieje się to po tym wszystkim, z czego zrezygnowałem, aby cieszyć się tą wyjątkową chwilą - odpowiedział Artaban. -Pójdę go szukać, dopóki go nie znajdę.

-Nie sądzę, żeby to było najlepsze, co można było zrobić. - Zostań z nami, inaczej nie będziesz bezpieczny na tym niegościnnym terytorium.

-Więc zastanów się, bracie, co mam zrobić z tego, że żyłem tyle lat? -Asked Artaban, "Jeśli nie osiągnę tego, za czym tęsknię, stanę się biednym nieszczęśnikiem, który błądzi bezsensownie po złej drodze. Odmawiam bycia wiecznym śmiechem mojego honorowego rodu.

Braciom udało się jednak nakłonić Artabana do spędzenia z nimi tej nocy w pobliżu domu rzymskiego urzędnika, który dał im mieszkanie w zamian za kilka złotych wiórów.

Błogosławiony człowiek, który znajduje mądrość i zyskuje zrozumienie, bo jego zysk jest lepszy niż zysk ze srebra, a jego owoce niż złoto. Bardziej cenne niż kamienie szlachetne; wszystko, czego można zapragnąć, nie można z tym porównywać.

Przysłów 3:13-15

VII

Herod zbliżył się do obszarów graniczących z jego władzą, aby wyjaśnić niektóre sprawy dyplomatyczne z Syryjczykami. Byłem w drodze przez dwa tygodnie, zatrzymując się regularnie w tych miejscach, które na pierwszy rzut oka wydawały się spokojne. Opuścił on pałac z dużą częścią swojego otoczenia, a wśród nich znalazł się jeden z jego najbardziej zaufanych doradców. Nazywał się Omar, który był człowiekiem o cienkiej sylwetce, o ciemnych zatopionych oczach i ostrej twarzy, która sprawiała, że wyglądał raczej makabrycznie; to on był najbardziej odpowiedzialny za pojmaną przez gubernatora determinację, by wymazać całe obrzezane żydowskie potomstwo.

Pewnego dnia o zmierzchu przygotowywał się do spódnicy na Mount Hermon, dwa dni od Damaszku, kiedy to kilku informatorów przyszło do niego z pilną wiadomością, aby go przekazać.

-Wielki Herod, mamy współrzędne tych drani ze Wschodu! - Informator wyjaśnił.

-Co mi to teraz daje? Nie mam. -Gubernator odpowiedział. -To czego chcę, to pozycja dziecka i jego zagłada, wiesz o tym.

-Oni mogą zrobić nam wiele dobrego", nalegał drugi szpieg. - Możemy ich aresztować i zmusić do ujawnienia wszystkiego, co wiedzą.

-Co sądzisz, mój wierny Omarze? -Powiedział Herod, zwracając się do swojego doradcy. -Jeśli jest jedna rzecz, z której jestem dumny, to bycie jednym z najbardziej bezpośrednich beneficjentów twoich niepokonanych prognoz.

-Cóż, mam nadzieję, że się nie mylę i że nadal jesteś na swoim miejscu. -Tak jak twoi przodkowie byli bezkompromisowi w stosunku do wrednych obcokrajowców, nie powinieneś pozostawać w tyle.

♗

Dopiero pierwsze promienie słońca pojawiły się, gdy drzwi setnika wykonywały gest chęci upadku z powodu jakiegoś silnego uderzenia z małego tłumu. Był to pluton rzymskich żołnierzy, którzy domagali się uwagi w zamian za to, że nie powalili żadnego dostępu do wejścia, więc lokatorzy wkrótce zaczęli się martwić o próbę rozwiązania tego ewentualnego nieporozumienia.

Po otwarciu drzwi, strażnicy Herodianowie ze zdumieniem zobaczyli jednego ze swoich bezpośrednich przełożonych i w wymuszonej postawie uległości, poinformowali go o przyczynie swojego przedsięwzięcia. Przybyli oni na bezpośredni rozkaz gubernatora, aby aresztować tajemniczych magików pod zarzutem publicznego skandalu i próby ucieczki. Widząc możliwość utraty tych, którzy tak dobrze go wynagrodzili, żołnierz zrobił wszystko, co w jego mocy, aby złagodzić sytuację, ale bez względu na to, jak bardzo nalegał, nie mógł uniknąć obowiązku oddania ich w ręce sprawiedliwości.

-Jesteś aresztowany z rozkazu tetrarchy Heroda! -Jeden z żołnierzy krzyczał.

-Co złego zrobiliśmy? - Żądał, żeby poznać Gaspara.

-Teraz żadnych wyjaśnień", powiedział inny z żołnierzy. -Niech będą spokojnie schwytani, a odwet zniknie później. Nie jestem.

Wykorzystali ten moment, aby ich otoczyć i delikatnie zabrać ze sobą, głównie dzięki postawie spółdzielczej, którą więźniowie wybrali. Melchior, Gaspar i Baltazar byli teraz więźniami, ale Artaban opuścił pokój, w którym odpoczywali na początku ranka, więc nieświadomie uniknął tego nieprzyjemnego wydarzenia.

♗

Artabán, choć skruszony z powodu sposobu, w jaki rozstał się z braćmi, uznał to za coś chimerycznego, co zdołało stłumić źródło emocji, które zmusiły go do zakończenia tego, co pewnego dnia wyruszył na początek. Zobaczenie tego, co najświętsze, sprawiło, że człowiek miał poczucie wszystkich trudności, jakie napotkał w życiu, a które nie znaczyły wiele dla osoby o jego usposobieniu.

Po dwóch dniach i nocach był w drodze do jednego z najwspanialszych i najbardziej portretnych miast spośród wszystkich widocznych z Kobylej Nostrum. Aleksandria szczyci się również tym, że jest najbardziej płodnym ośrodkiem mądrości w całej znanej krainie, posiada największą bibliotekę, jaką kiedykolwiek zbudowano, a przede wszystkim od lat uczęszczają do niej najwięksi i najsłynniejsi uczeni świata hellenistycznego, często brani za brak osądu, ale obdarzeni talentem, którego nie całe złoto na świecie byłoby w stanie kupić. Paradoksalnie, w drodze do takiego miasta alchemik zamierzał spotkać się z osobą, która wierząc, że jest mesjaszem, wypowiadała bzdury, nie oszczędzając przy tym żadnych wydatków.

-A wy, o demonicznych hipokrytach, załóżcie worek i szmaty. - Strzelałem do ludzi z poddasza. -Przykryjcie swoje ostentacyjne głowy prochami. Chociaż bogowie nie ukarali was, nieczyste genii z samego grobu chcą! -On siedział.

Korzystając z jednego z sporadycznych przystanków, na których mówca skorzystał z okazji, aby ugryźć, magik udał się do niego z zamiarem poznania tych postaci, które nazywały siebie apokaliptycznymi prorokami. Miał na imię Jezael i chociaż jego wygląd mu zaprzeczał, twierdził, że jest tylko człowiekiem w niedawnym wieku małżeńskim, który po niepowodzeniu swoich zamiarów poślubienia sieroty, którą kochał od najmłodszych lat, zdecydował się wyjść na świat, zostawiając swoje słowa Bogu jako największemu z tyranów. Artaban rozumiał, że ten człowiek nie jest przy zdrowych zmysłach i chociaż służyło to jako pretekst dla ludzi, którzy go słuchali, aby nie podejmować z nim drastycznych kroków, wiedział, że jego immunitet nie zostanie przedłużony na dłużej; dlatego też mówił mu o planie, który chciał zrealizować z takim luksusem szczegółów, że człowiek ten nie wahał się ani przez chwilę zostawić tego, co miał, i wyciągnąć na swej karnacji taki wyraz wdzięczności, że przynajmniej wykazywał coraz większe pragnienie, aby w razie potrzeby podążać za nim aż na koniec świata.

Najszybszym sposobem na dotarcie na północ od Czarnego Lądu była droga morska. Był to duży problem, ponieważ w tych miejscach ludzie utożsamiali morze z samym piekłem, więc prawdopodobieństwo posiadania rodzimego przewodnika podczas podróży byłoby nieco mniejsze niż zero.

Łańcuchy niewolnictwa wiążą tylko ręce: to umysł czyni człowieka wolnym lub niewolnikiem.

Franz Grillparzer, austriacki dramaturg

VIII

Ich pierwsza noc w lochach przypomniała im o trudach, przez które przeszli, gdy Darius jeszcze żył. Rozdzielili ich z zamiarem porównania różnych wersji faktów, co bardzo utrudniało wszelkie próby zamaskowania prawdy podczas zarzutów. Czarny magik przeżywał najgorsze chwile z powodu irracjonalnego terroru, który ogarnął go przy każdej odrobinie braku wolności; jego tętno wyścigało się, a oddech stawał się coraz krótszy. Do tego dochodził fakt, e musiał dzielić komórkę z człowiekiem, który wykazywał wyraźne oznaki zakażenia najgorszą znaną chorobą skóry - trądem. Przywiązany do ściany zdawał się być martwy, gdyż nie dawał żadnych oznak odczuwania obecności swego niezwykłego towarzysza. Baltazar nie chciał go obudzić, więc czekał do świtu, aby dostarczyć mu eliksir naprawczy na chytrych strażników.

-Hej, słyszysz mnie? -Balthazar szeptał.

-Koniec z biczowaniem, proszę! -Trędowaty odpowiedział z niedowierzaniem.

-Nie martw się, dobry człowieku. -Powiedział: "Wypijcie to, co wam dobrze zrobi, i włóżcie ten napój do ust".

Nie opierając się ekstremalnemu pragnieniu, kaleka połknęła cały płyn, który mógł zmieścić się w prowizorycznym pojemniku. Wyzdrowienie nie było natychmiastowe, ale jego wcześniej uszkodzone oczy zaczęły pokazywać, że ten środek zaradczy umożliwił wyraźną poprawę. Pewny, że wkrótce wyzdrowieje, Baltazar przystąpił do poluzowania kajdan, które uniemożliwiły normalne krążenie krwi w kończynach.

⇮

-Jaki jest twój związek z tym draniem? Jaki jest twój związek z nim? -Jeden z przesłuchujących zapytał Gaspara.

-Gdybym mu to wyjaśnił, nie zrozumiałby mnie. Odpowiedział. -Proszę uzasadnić, o co mnie pan pyta.

-Jak śmiesz tak mówić do obywatela Rzymu! Nie wiem. - Strażnik krzyczał jak jego asystenci spoliczkowali go. "Nie wiesz, że to ja powinienem utrzymać cię przy życiu? -Powiedział grożąco.

-Jedyną rzeczą, która wiązała nas ze stworzeniem, była obietnica złożona naszemu Bogu", kontynuował Gaspar. -Od teraz on pójdzie swoją drogą, a my swoją.

-Nie ma wątpliwości, że dobrze wiesz, dokąd on zmierza w tej chwili, więc żądam, abyś nie pomijał żadnych szczegółów dotyczących jego planu ucieczki.

-Mogę ci tylko powiedzieć, że jedzie do Egiptu.

Nie znajdując sprzeczności pomiędzy różnymi stwierdzeniami magów, strażnicy uważali, że prawda nie może być inna niż to, że zbiegła rodzina zmierza do ziemi piramid. Nie zawahali się ani na chwilę poinformować gubernatora o cennym wyznaniu złożonym przez Orientalistów, a gdy już o tym wiedział, Herod został uspokojony, by zaufać sławie, która poprzedzała Egipt, terytorium bardzo łatwo dostępne, ale z którego naprawdę trudno było uciec. Ostatecznie, król palestyński zdecydował się zrezygnować z planu prześladowania Mesjasza, ale nie rozgrzeszył magów, dla których wybrał nieapetyczną przyszłość.

Statek, którego używali, aby udać się do Sais, miasta w pobliżu Aleksandrii, nie był zbyt wygodny, aby pomieścić batalion, ale był wystarczająco przestronny, aby pomieścić ponad dwudziestu członków załogi, w większości służących kapitana. Jedynymi podróżnikami, którzy nie popłynęli do pracy, poza Artabanem i jego towarzyszem, byli dwaj praktykanci medycyny, którzy przyjechali z kananejskiego miasta Tyre, aby szkolić się w zaawansowanych, i jak dotąd niezrównanych, egipskich technikach medycznych. Choć żeglowali już od kilku tygodni, czas młodego maga upłynął w sposób nadmiernie ulotny, ale nie na próżno mógł z niego skorzystać, by dogonić sytuację, przez którą przechodził na terytorium położonym na północ od tajemniczej i znanej góry Karmel. Jeśli zeznania młodych ludzi były prawdziwe, to kolebka czczonego Eliasza została ukarana na ponad pięć lat straszliwą wojną domową rzekomo spowodowaną przez nierozwiązywalny pozew spadkowy a priori. Dwaj bracia walczyli o berło, które ich ojciec zapisał pierworodnemu pięć lat wcześniej, i jak gdyby historia Jakuba się powtarzała, młodszy brat chciał nielegalnie przejąć władzę. Uciekając od tego hałasu, dwoje najlepszych uczniów prestiżowego lekarza dworskiego wyruszyło do Egiptu z zamiarem pozostania na długo w tej ziemi możliwości; ich twarze odzwierciedlały nostalgiczne zmęczenie, silny smutek, który zalewał ich, gdy wspominali czasy pokoju.

W końcu horyzont wyglądał obiecująco, gdy widoczne stały się pierwsze kontury gór, sprzyjające szybkiej akcji żeglarzy, którzy nie wahali się przygotować tego, co było konieczne do zacumowania. Jezael, zamiast wykazywać pewien brak równowagi psychicznej, zawsze wykazywał postawę absolutnego szacunku, a co za tym idzie, wdzięczności wobec tego, którego uważał za swojego mentora. Powtarzające się gesty, za pomocą których udało mu się wyrazić głębię swoich uczuć, nie podążały już za sobą, ale za ciągłymi pytaniami o drogę, którą odbyli, a tym bardziej po zrozumieniu, że szukali oczekiwanego mesjasza. Artaban uważał, że najlepiej jest być szczerym ze swoim współpodróżnym we wszystkich swoich żądaniach, niezależnie od tego, jak bardzo wydawałyby się one zagmatwane, ale starał się na wszelkie sposoby przejść obok siebie tak niezauważony, jak to tylko możliwe, aż do momentu, w którym poczuł się naprawdę bezpieczny od wszelkiego rodzaju powagi.

Kiedy łódź została zadokowana, wszyscy byli zdumieni widząc wielki tłum, który zatłoczył rynki przylegające do doków, niektórzy oferując swoje produkty przywiezione z egzotycznych krain po bezkonkurencyjnych cenach, a inni, aby uzyskać najlepszą możliwą ofertę. Studenci wydawali się pędzić przez tłum w poszukiwaniu czegoś ciekawego do kupienia, podczas gdy statek wypłynął, jak tylko wszyscy pasażerowie opuścili pokład. Po raz pierwszy czarodziej i jego towarzysz byli sami i, biorąc pod uwagę wysokość słońca, najpilniejszą potrzebą było znalezienie schronienia na dzień, czegoś, co pomogłoby im odzyskać siły, które stracili kilka dni temu, śpiąc noc po nocy na chrupiących deskach.

Medycyna jest w Egipcie podzielona, każdy lekarz zajmuje się tylko jedną chorobą, wszystko jest pełne lekarzy, niektórzy są lekarzami głowy, inni zębów, inni brzucha, inni niepewnych chorób.

Herodot, grecki historyk i geograf

IX

Nie spodziewając się tego i dzięki boskiej opatrzności, Sais okazał się jednym z największych gett żydowskich na północy kraju. Całe miasto obchodziło, i o ile Artaban mógł powiedzieć, obchodzili uroczystość namiotów, tradycyjną uroczystość, która przypominała pojawienie się Pana Mojżeszowi - żydowskiemu przywódcy i rzecznikowi prawa Bożego - w namiotach rozstawionych na pustyni, gdy lud hebrajski przypadkowo uciekał z Egiptu, gdzie służył jako niewolnik. Chociaż bez żadnych oznak przemocy, ruch ludzi był nieustanny i tylko w miejscach peryferyjnych atmosfera stała się nieco spokojniejsza.

Pilnym marszem dotarli do karczmy, zanim księżyc zasiadł na jej cienistym tronie; całe wejście było ozdobione motywami religijnymi, a słynna Gwiazda Dawida zawisła w nadprożu wejścia. Zapukali do drzwi spodziewając się ciepłego powitania, ale od wewnątrz kobieta w chrypiącym tonie i źle traktująca aramejski dialekt powiedziała im, z bardzo złymi manierami, by wrócili tam, skąd przyszli. Miejsce to stało się jedyną możliwością nie spania na zewnątrz tej nocy, a jak widać z zewnątrz, pozostało jeszcze kilka pokoi. Zdając sobie sprawę z niesprawiedliwości, jakiej dopuścili się najemcy na tle rasowym, Jezael próbował uspokoić oszołomionego Artabana, mówiąc mu, by zostawił to w swoich rękach.

-Dia *ti ou boezeitei emeis," powiedział* głośno Jezael przy wejściu.

-Amadia*, anabainete filoi," odpowiedział* męski głos z wnętrza.

Język Koine'a był zupełnie nowy dla Artabana, a dzięki ekspertyzie jego towarzysza mieli dostęp do karczmy, korzystając z uboższego pochodzenia greckiego. Szacunek okazywany przez Żydów wobec narodu greckiego był absolutny, motywowany wiekami wzorowego współistnienia, które niekiedy graniczyło z sojuszem. Jezael wykorzystał to z podwójną intencją. Z jednej strony robił coś dla kogoś, komu czuł się dłużny, a z drugiej strony osiągał wymuszone pokrewieństwo z tymi, którzy byli lepiej poinformowani o podróżnych, którzy nocowali w tych okolicach. Zdając sobie z tego sprawę, Artabán zabrał się do rozwiania swoich wątpliwości.

-Wiesz, czy rodzina z Galilei spędziła tu noc? - zapytał czarodziej.

-Niektórzy z nich mają", powiedział karczmarz, przeciwstawiając się przestrodze, której żona zażądała od niego przez znaki.

-Czy w którymś z nich był mężczyzna o imieniu Józef, a może kobieta o imieniu Maria? -Artaban zapytał, próbując wyglądać na niezainteresowanego.

- Jeśli moja pamięć mnie nie zdradza, myślę, że ostatnia para, która tu przebywała, nazywała się tak", potwierdził karczmarz. - Minęły dwa tygodnie odkąd wyjechali z dzieckiem.

-A wiesz, gdzie to zrobili? -Jezael w końcu zapytał.

-Tylko Adonai o tym wie. -Trochę można by prosić o rodzinę uciekającą przed okropnym strachem.

Dawno temu magik był tak szczęśliwy widząc wschód słońca jak ten dzień; miejsce, w którym został zmuszony do przebywania, okazało się o wiele gorsze niż dom tego biednego pustynnego pasterza sprzed miesięcy. Deszcz padał przez całą noc, co okazało się korzystne, ponieważ znacznie ograniczył liczbę osób błądzących po okolicy, ale ze względu na niską jakość materiału, z którego zbudowano dach domu, przecieki zwielokrotniły się w całym pomieszczeniu, a koncert, który i tak uniemożliwiał sen, przedłużał się przez całą noc. Z wyraźnymi oznakami zmęczenia stawili czoła wydatkom związanym z noclegiem i za radą właściciele jointa wyruszyli ponownie w kierunku miejskiej synagogi z odnowioną nadzieją na możliwość podążania śladami tajemniczej mesjanistycznej rodziny.

Ponieważ jest to obszar z nielicznymi dojazdami, licznymi równinami, a wszystko jest tak dobrze oznakowane, znalezienie właściwego miejsca nie zajęło im dużo czasu. Pierwsze wrażenie, jakie wywarła na nich tego typu szkoła poświęcona intensywnemu studiowaniu Tory, było dość uderzające, ponieważ, choć estetycznie pokorna, dla potomków Hebrajczyków oznaczała ona tyle, co drugi dom Boży, będący jedynym dostępnym miejscem pociechy, mając świątynię daleko od siebie. Raz w środku i obserwując spokój miejsca, obaj podeszli do jedynej osoby obecnej w środku, która z kolei zdawała się być odpowiedzialna za czuwanie nad całym obiektem.

-Witajcie, bracia, co mogę dla was zrobić? -Strażnik się przywitał.

-Pozdrowienia, *Xaverim", odpowiedział* Artaban. -Przybyliśmy ze świętego miasta w poszukiwaniu bliskich krewnych.

-Możesz dać mi jakieś wskazówki? -Poprosiłem Żyda odpowiedzialnego za synagogę.

-To naturalna rodzina z północnej Palestyny, powiedział Artaban. -Głowa rodziny nazywa się Joseph.

-Nie mam żadnych wieści o żadnym Josephie," odpowiedział. -Gdybym tu przechodził, wiedziałbym, że my, Żydzi, jesteśmy przyzwyczajeni do utożsamiania się z imieniem plemienia, do którego należymy, a imię Józefa jest ostatnio bardzo rzadkie.

-Wciąż, dziękuję. -Powiedział ładnie Artaban.

-Wierzysz z wiarą w przyjście Mesjasza? -Jezael zapytał niespodziewanie.

-Synku, nie wiem kim jesteś, ale jeśli chcesz poznać prawdę, uczyń Torę swoim towarzyszem podróży. -Potem wyciągnij własne wnioski.

Tora była świętą księgą dla wszystkich Żydów, zarówno tych z diaspory, jak i tych z samej Judei. Było to pięć zwojów pergaminu podsumowujących historię Izraela od jego początków do deklaracji przykazań Bożych danych Mojżeszowi. Kontrowersje w Egipcie były bardzo duże w tamtych stuleciach, zanim król grecki Ptolemeusz II nakazał tłumaczenie tych tekstów na język grecki, co dla najbardziej ortodoksyjnych Żydów oznaczało całkowite wypaczenie świętego języka, tak jak był on używany przez Boga, aby uczynić siebie zrozumiałym dla narodu wybranego. W wyniku egzegezy powstała tzw. wersja siedemdziesiąta, której oryginał spoczywał w słynnej bibliotece aleksandryjskiej.

Chwała ci, Nilu,
że kiełkujecie z ziemi i przybywacie, by nakarmić Egipt;
o ukrytej naturze, ciemności w świetle dnia;
że podlewasz łąki,
stworzony przez Ra do karmienia zwierząt;
że pijesz do miejsc na pustyni z dala od
woda; to jej rosa spada z nieba;

Poemat egipski

X

Nie było najmniejszego oddechu wiatru, a upał był przytłaczający. Według miejscowych, przeprawiali się oni przez trzeci miesiąc gorącego sezonu, kilka miesięcy po rozbiórce Nilu, aby nawodnić całą rozległą pustynię. Po zalaniu rzeki ziemia pozostawała zalana tygodniami, co poprzedziło długi okres żyzności, który pozwolił ludności na utrzymanie zapasów ziarna na czas niedoboru, zwłaszcza na czas suszy. Najgorszą stroną tego procesu były niewątpliwie zgony, które miały miejsce w tych podmiejskich miastach, w których nie było środków na utrzymanie minimalnej kontroli nad czasem.

Miesiące przed powodzią duże miasta przygotowywały wszystkie swoje dojazdy w najlepszy możliwy sposób, aby powódź pozostawiła więcej korzyści niż strat, ponieważ ilość wypartej wody była tak duża, że miasta były praktycznie odcięte. Gdyby przybył w tym okresie, Artaban byłby zmuszony do ponownego podjęcia kroków; na szczęście jego asystent zdawał sobie z tego sprawę, ponieważ w dzieciństwie mieszkał w Aleksandrii z powodu pracy ojca jako rybak. Wybrzeża Cyreny były najbogatsze w ryby, a Jezael zamieszkał tam wraz z rodziną, z której był drugim z czterech braci. Dowiedziawszy się o przeszłości swojego towarzysza, magik błagał go, aby zabrał go na spotkanie z kilkoma egipskimi thaumaturgami, postaciami, które po otrzymaniu pieniędzy zajmowały się zarówno leczeniem, jak i sztuką wróżenia, praktyką, którą magik przez długi czas rozważał jako doradztwo.

۩

Alejka prowadząca do domu uzdrowiciela była zatłoczona rekonwalescentami; nawet myśl o przejściu z jednej strony na drugą mogła zmieścić się w głowie tylko lekkomyślnym myślom, ponieważ do niepełnosprawnych trzeba było dodać ogromną ilość odpadów nagromadzonych na całej ziemi, co zmuszało każdego, kto ośmielił się zrobić krok, do wyniesienia ich na ziemię i trzeba było mieć na uwadze wysokie ryzyko niespodziewanego zarażenia. Najbardziej uderzający w scenariuszu rozkładu był stan rozkładu tych, którzy czekali dłużej niż było to możliwe po ludzku.

Ludzie, którzy przybyli do Nefertes, jedynego uzdrowiciela w Egipcie, który osiągał zyski tylko w miarę swoich możliwości, byli ludźmi bez środków finansowych i z reguły w stanie skrajnej desperacji. Nosząc chusteczkę w ustach i korzystając z rozmachu milicji, Artabán i jego towarzysz pośpieszyli jak najszybciej dotrzeć do mieszkania wieszcza saunowego. Jezael znał Nefertesa od dziecka, kiedy jego ojciec przyprowadził go, aby omówić jego wybuchy, korzystając w ten sposób z bezpłatnej konsultacji z powodu jego odległych więzi rodzinnych.

-Wielki Nefertes, zmiłuj się nad nami i zajmij się nami! -Jezael krzyczał, gdy drzwi miały się zamknąć.

-Wróć jutro. On odpowiedział.

-Nie pamiętasz już jednego ze swoich najdroższych pacjentów? Ja pamiętam. -Jezael zapytał czule. -Jestem synem Simona z Cyreny, rybaka.

-To nie może być prawda, co słyszę! Chodź tu, żebym mógł cię zobaczyć, mój synu", odpowiedział podekscytowany Nefertes. -W końcu Ozyrys przynosi mi dobre wieści," powiedział, gdy zbliżał się, by go objąć.

Kiedy już byli na bieżąco ze swoim życiem, Jezael rozpoczął prezentacje pomiędzy tym, kogo uważał za swojego drugiego ojca, a magiem. Powitanie między nimi nie było zbyt ciepłe, ponieważ obawa o Nefertes była więcej niż oczywista. Podczas gdy ludność północnego Egiptu wykazywała bardzo jasną cerę, Artaban miał kolor skóry bardzo zbliżony do koloru oliwek, co wywołało u thaumaturgeona pewną niechęć, kiedy zdał sobie sprawę ze swojej wschodniej kondycji. Miejsce, z którego pochodziło całe zło, które nękało ten kraj, było na Wschodzie, więc ich pobyt tam sprawił, że można było przewidzieć nadejście nowego, przerażającego zła.

- Przyszedł, by przeczytać mu swoją przyszłość", powiedział Jezael.

- Musiałeś go ostrzec, że musi ograniczyć się do słuchania wyroczni, którą przygotowali dla niego bogowie - powiedział Neftys. -Żadnych pytań-zdań.

-Ja nie, ale ty masz... Jego krewny odpowiedział.

-Cóż, posłuchaj. -Powiedział Nefertes jeszcze raz, zanim wpadł w ekstazę. -Wkrótce *spokój powróci do ziemi błogosławionych, wyznaczonego czasu powrotu do swoich korzeni. On zmieni terytorium, ale nie region; tam będzie wzrastać w mądrości i jego duch będzie silniejszy za każdym razem. Zrozumiesz swoją misję i pomaszerujesz, by ją wypełnić. A ty, synu Kremona...* -Powiedział, jak wykopał swoje wielkie niebieskie oczy w Artabanie: "Kiedy *go znajdziesz, pójdziesz beznadziejnie do kha".*

"Co on ma na myśli, idąc do ka?", pomyślał sobie czarodziej.

Chociaż nie zrozumiał on całej przepowiedni, alchemik mógł z ulgą stwierdzić, że misja Jezusa nie zostanie udaremniona w przyszłości. Sekwencjonowanie wieszcza uspokajającego, choć wyrażone w pozornym środku stanu pomiędzy czuwaniem a snem, zdawało się mieć logiczny porządek i odpowiadać oczekiwaniom związanym z ewentualnym wyborem. Jezael nie mógł jednak przestać myśleć o ostatnich słowach wyroczni teraz wyrytych w jego umyśle. Widząc siebie bezsilnego i ledwo co silnego, by przekazać przesłanie takiego kalibru, nie chciał w to uwierzyć, ale niestety prawda była nieunikniona... pójście do ka oznaczało tylko śmierć.

I stało się tak, że po trzech dniach znaleźli go w Świątyni, siedząc wśród nauczycieli, słuchając ich i prosząc,...

Ewangelia św. Łukasza

XI

Półksiężyc wyznaczył początek świętych świąt, czas Wielkanocy, kiedy niektórzy więźniowie zostali wypuszczeni na wolność na znak przyjęcia okresu łaski. Przekonany w snach przez przerażające przeczucia, Herod nakazał uwolnienie mędrców, przez których jeszcze przeszedł oddech życia. Tylko Melchiorowi i jego bratu Gasparowi udało się przetrwać męki straszliwych warunków, jakie oferowały rzymskie lochy, podczas gdy Baltazar, kilka lat po uwięzieniu, zaczął cierpieć na ciężką infekcję płuc, która od początku pogrążyła go w głębokim smutku, ale w końcu odebrała mu życie. Tajemnica eliksiru poszła z Artabanem, podobnie jak życie czarnego czarodzieja. Wciąż naznaczeni bólem tak straszliwej straty, wyszli na świat z nadzieją, że pewnego dnia odbudują swoje życie; wciąż nie mogąc otworzyć oczu z powodu silnego bólu spowodowanego przez światło świtu, postanowili podziękować Panu za ten prosty fakt, że byli w stanie przetrwać, nie widząc w tym celu miejsca bardziej sprzyjającego niż sama świątynia.

Znajdująca się na północ od Jerozolimy świątynia zbudowana po reformacji proroka Estery i wysiłkach proroka Haggaia, została zakotwiczona na mitycznej Górze Moriah, gdzie według planów Pana patriarcha Abraham miał ofiarować swojego syna w holokauście, a tysiąc lat później król Dawid miał zbudować swój legendarny pałac. Był to najważniejszy budynek w żydowskiej stolicy, a jego działalność religijna ukrywała przed obcymi swoją prawdziwą funkcję, która miała gwarantować żydowską tożsamość w ramach rasowej heterogeniczności, która pojawiła się po osadnictwie rzymskim.

Zbliżając się do sanktuarium, uświadomili sobie, że w jego wnętrzu dzieje się coś szczególnego, gdyż obecność tak wysokich urzędników na jednym z mniej znanych świąt pozwoliła im zrozumieć. W obrębie rady starszych można było dostrzec wystarczająco wyraźnie postać kogoś, kto wyróżniał się ponad resztą; był to niewątpliwie Najwyższy Kapłan, głowa tego, co było funkcjonalnie najwyższym zgromadzeniem Izraela, Sanhedrynem. Władza tej instytucji była bardzo duża, ponieważ Sanhedryn posiadał wszystkie uprawnienia poza wykonywaniem wyroków śmierci, która to funkcja w tym przypadku należała do Rzymu. Mimo to wpływ na naród był więcej niż oczywisty; nawet mniej wykształceni widzieli, że ubiór ich prezydenta sprawił, że wyglądał on bardziej jak cesarz niż przywódca religijny.

Z ciekawością tych, którzy byli świadkami czegoś po raz pierwszy, magowie starali się jak najbardziej zbliżyć do siebie, aby usłyszeć przemówienie, które było kute wśród członków rady. Przechodząc obok szerokich filarów wejścia, które utrudniały dobry widok panoramiczny, i po ustawieniu się nieco poniżej dziesięciu łokci od moderatora, byli oszołomieni, że bohaterem debaty był nastolatek, który wyglądał nieco ponad dziesięć lat. Przypominając o swoim niedosłuchu, Melchior poprosił swojego brata o uważne wysłuchanie tematów, które zostały wypowiedziane w tak niezwykłej sytuacji.

Postać Kajfasza, Najwyższego Kapłana, oznaczała pojawienie się zupełnego spokoju. Mimo to nigdy nie przestał poruszać się w kółko, demonstrując, że poświęca wiele uwagi każdej kwestii poruszanej podczas kolokwium. Gdy nadszedł czas, że uznał to za stosowne, energicznie wskazał radzie jako znak, że zostawia sprawę chłopca w ich rękach. W pokoju wytworzyło się małe zamieszanie i pośród całego tego szumu Gaspar wyraźnie usłyszał, że imię dziecka nie było niczym innym jak Jezusem. Gdy Kajfasz podniósł rękę, cała sala zamilkła, a wraz z nią przywrócono spokój niezbędny do kontynuowania przesłuchania tego niesamowitego młodzieńca.

-I dlaczego nie możemy uważać wielkiego słońca za prawdziwego Boga, jak nasi ciemiężcy robili to w Egipcie? -Jeden z Lewitów w świątyni celowo poprosił chłopca.

-Dla the Bóg ustawiać the słońce na the ziemia jako wielki znak dzień, tydzień, miesiąc, uczta, rok, septenaries, jubilees i wszystkie sezon, ale nigdy jako symbol cześć," Jezus powiedzieć.

Tym razem zdumienie było już powszechne. Dojrzałość wykazana przez obrońcę w trakcie wywiadu była czymś zupełnie niezwykłym; ponadto ostatnie zdanie, które wyszło z jego ust, mogło pochodzić z ust uczonego pisarza, ale nigdy z ust dziecka, które w jego wieku powinno myśleć o sprawach nieistotnych. Postanowili więc postawić go przed Herodem, ale ostrzeżenie od żołnierzy odcięło ich zamiary.

-Jego Panie, zabójcy znowu tworzą sprzeczki na rynkach przyległych do świątyni", powiedział strażnik Kajfaszowi. -Dla twojego bezpieczeństwa, król Herod rozkazuje nam ewakuować świątynię i wydostać cię z Jerozolimy tak szybko, jak to możliwe.

Mnogość wydawała się rozpływać, a Jezus czaił się wśród nich, ale mędrcy nie stracił śladu po nim i zauważył, jak kobieta z kroków świątyni uparcie wołał do niego i wezwał jego imię. Zauważył to i szybko się do niego pospieszył. Kobieta, która wydawała się być jego matką Maryją, o ile pamiętali z jej wyglądu, podeszła do niego i zeszła z nim po frontowych stopniach sanktuarium, unikając w ten sposób przeszkód spowodowanych tumultem. Melchior natychmiast medytował nad słowami wypowiedzianymi przez nich obu na tym spotkaniu, starając się przeanalizować je pod kątem dalszego znaczenia:

"Synu, dlaczego nam to zrobiłeś? Oto twój ojciec i ja szukaliśmy cię z udręką." "Dlaczego mnie szukałeś? Nie wiedziałeś, że muszę być w biznesie mojego ojca?"

Po zejściu z chmury i zobaczeniu, jak Gaspar patrzy na niego, jakby czekał na werdykt, Melchior wyciągnął z głębi swego jestestwa najsilniejsze przekonanie:

-Bez wątpienia był to Syn Boży, Mesjasz, dla którego

opuściliśmy naszą ziemię.

Czyż nie wszyscy ludzie nienawidzą zła? A jednak wszyscy maszerują mu na rękach. Czyż pochwała prawdy nie wychodzi z ust wszystkich narodów? A jednak czy jest w niej usta lub język, który się w niej trzyma? Którzy ludzie chcą być uciskani przez innych silniejszych od siebie? Kto chce być obelżywie pozbawiony swojej fortuny

Rękopisy z Morza Martwego

XII

Odkąd wstąpił do Wspólnoty Dzieci Światła, nie słyszał od Jezaela. Nigdy nie zapomniałby dobrych i niepowtarzalnych chwil, które spędził z nim, ani tego, że dzięki jego pomocy udało mu się niezauważalnie przekroczyć niebezpieczną granicę Egiptu. Ceną, jaką należało zapłacić, była ich separacja, ale nagrodą otrzymaną w zamian było skonsumowanie silnej i czystej przyjaźni, która nigdy nie zaniknie.

Po przybyciu do Palestyny osiedlił się w małej wiosce poza Jerycho, gdzie rozwinął relację z dużo starszym mężczyzną, który dzielił z czarodziejem swój zapał do boskości. Po zapoznaniu się z jego obawami, wkrótce namówił go, aby rozważył dołączenie do grupy, która, podobnie jak on, chętnie szuka Mesjasza. Była to sekta znana jako wspólnota Qumram, a jej największą osobliwością był fakt, że skierowała swoje najbardziej nieistotne zadania ku czystej świętości. Wkrótce został pociągnięty do tego ruchu i stwierdzając, że władze żydowskie były duchowo skorumpowane, wyruszył bez wahania na brzegi Morza Martwego, gdzie wspomniani wyżej pustelnicy osiedlili się wieki wcześniej.

To był dzień, który zapamiętałbym na zawsze. Wspólny posiłek z boskimi braćmi oznaczał zakończenie jego okresu pouczającego i początek nowego etapu jako członka duchowej armii świętego odpoczynku Izraela. Szczęście, które w końcu poczuł, było więcej niż zasłużone, ponieważ w pierwszym roku wtajemniczenia musiał wyrzec się całego swojego dobytku, łącznie z notatkami dotyczącymi jego alchemicznych odkryć; ponadto zmuszony był do złożenia bardzo silnego ślubu posłuszeństwa i czystości, który dla tych, którzy znani byli również jako Esseńczycy, był najsilniejszym dowodem słusznej wiary w Pana, jak również prawdziwej postawy oczekiwania wobec tego, który miał przyjść.

-Silence! -Witajcie nasz niedawny i bardziej niż obiecujący

dodatek z ziem Transjordanu", krzyknął lider społeczności, "zapytał ponownie, jak wszystkie jadłodajnie patrzyły z aprobatą na Artabana".

Czuję się szczęśliwy, wielki Zadok, że wreszcie należę do takiej nowej kasty kapłańskiej - odpowiedział magik, patrząc na grupę z wdzięcznością. -Jestem pewien, że prędzej czy później prawdziwe kapłaństwo zostanie przywrócone w Izraelu.

-Dobrze powiedziane... Jego instruktor interweniował. - Obiecuję ci epizody oświecenia w naszym domu, które poprowadzą cię na twoją drogę.

-Dlatego tu jestem, odpowiedział Artaban. -Śmierć Mistrza Sprawiedliwości nigdy nie będzie daremna.

Czwarty król odniósł się do założyciela dużej obecnie społeczności Morza Martwego. Chociaż nie było to częścią jego celów, Queriz, który po jego śmierci zostałby nazwany Mistrzem Sprawiedliwości, dał początek wielkiemu ruchowi, który rozprzestrzenił się po całym Idumea. Był jedynym przedstawicielem plemienia Lewiego, który jeszcze żył, więc jego zwolennicy walczyli do gorzkiego końca, by postawić go na czele Sanhedrynu, milcząco przekonani o jego prawowitości. Po jego zabójstwie jedni uciekli, inni jednak wytrwali w swoich ideałach i osiedlając się na pustyni, czekali w nieustannej modlitwie na powrót uwielbionego i niezwyciężonego Cherishera.

-Artabanie, zdecydowaliśmy w radzie, że twoją misją we wspólnocie będzie interpretowanie pism świętych - powiedział Zadok, jak ze zdumieniem patrzył magik. -Twój dar języków jest czymś nowym dla członków tej społeczności, więc chcemy jak najlepiej wykorzystać łaskę, którą Bóg daje nam wraz z twoim przybyciem.

-Cześć, którą czuję na twoim ogłoszeniu jest ogromna i będzie ratyfikowana w twoim myśleniu - powiedział Artaban, gdy się rozejrzy, -gdy zobaczysz, że wszystkie moje wysiłki są poparte zaufaniem, jakie pokładasz w mojej skromnej osobie.

Po posiłku bracia Qumranite wycofali się do swoich domów; większość z nich została zbudowana jako jaskinie wzdłuż wszystkich stepów w pobliżu słonego morza. Jego instruktor, pseudonim *Eliluminado,* towarzyszył mu do tego, co pierwotnie było jego rezydencją, która była w pełni wyposażona na potrzeby kancelarii notarialnej. Dzieliłby się jaskinią z kolegą skrybą, który miał przez pierwszy okres funkcjonować jako dyskretny świadek swoich dobrych uczynków. Nazywał się Ullim i oprócz tego, że był solidny, wydawał się być nie lada siłą intelektualną. Jego nowy kolega również wydawał się być bardzo impulsywny, bo dopiero gdy nagle i bez słowa, wyciągnął z pasa dużą rolkę dość zniszczonego pergaminu. Mądry mieszkaniec Wschodu po prostu wziął to bardzo uważnie i przeczytał to sobie:

"*Reguła Wspólnoty: Dla nauczyciela ludzi prawa, który ochotniczo nawraca się od wszelkiego zła i staje twardo we wszystkim, co nakazuje. Niech się odłączą od zgromadzenia ludzi nieprawości, aby byli razem w zakonie i w majątku i podlegali autorytetowi wielu... dobrowolnie zgłaszają się do świętości Aarona i do domu prawdy w Izraelu, a przez tych, którzy są do nich przyłączeni, do wspólnoty... Duchy ich i ich dzieła powinny być badane w zakonie, rok po roku, w celu wspierania każdego z nich według jego rozeznania, lub poniżania go według jego wad. Niech każdy upomina swojego bliźniego w miłosiernej miłości...* "

-Nasz założyciel przekazał ją swoim uczniom, ale my, choć chcemy być wiernie rządzeni jego przykazaniami, nie rozumiemy wielu jej części", powiedział Ullim. -Wierzymy, że teraz twoim zadaniem jest pełne przetłumaczenie zapisanych słów mistrza.

Aby osiągnąć sukces, zawsze konieczne było przejście przez drogę poświęcenia.

Simon Bolivar, rewolucyjny przywódca

XIII

Cisza w pokoju była sepulkralna. Było to jedno z największych przestępstw popełnionych w ostatnich latach, które w większym stopniu zostało popełnione przez jednego z mężczyzn najbliższych szanowanemu Sadokowi. Dishonor był wszędzie w pokoju, ale ci, którzy powinni byli czuć to najbardziej, wykazywali tylko postawę głębokiego rozczarowania. Szef wspólnoty od pokoleń i nigdy nie sądził, że będzie świadkiem wydarzenia tego kalibru.

-Jesteś oskarżony o spotkanie z kobietą. Masz coś do obrony? - Sadok pytał z głębokim bólem.

-Mój bracie, wierzę, że ktokolwiek wysuwa takie oskarżenia, stara się tylko zakłócić spokój naszej pokojowej grupy", odpowiedział oskarżony brat z pozorną trzeźwością.

-*Jeden* z naszych ludzi widział wasze pokoje z damskimi tkaninami. Jakie macie na to wytłumaczenie? -Głowa społeczności poprosiła ponownie, w nadziei, że usłyszy coś uspokajającego.

-To tkanina od mojej zmarłej matki, którą przywiozłem ze sobą, gdy wstąpiłem do bractwa. Nie podawałem ich mojemu instruktorowi w okresie inicjacji z obawy przed ich utratą - oskarżony tym razem odpowiedział nieco bardziej niewygodnie.

-Oh, szarlatan! Jak możesz z nas tak kpić? Daj mi piorunochron, jeśli zapach kwiatu pomarańczy z tych szmat nie był duszny" - opluł Ullim z tyłu pokoju, gdy oskarżony zdawał się zapadać.

-To, co zaraz powiem, boli mnie bardziej niż kogokolwiek innego tutaj, ale mamy niezbity dowód" - powiedział Ostro Zadok. - Twój grzech był oczywisty, zgodny i świadomy, a zatem niewytłumaczalny przez nasze sposoby oczyszczenia. Z głębokim żalem informujemy, że waszą sprawiedliwą karą będzie wygnanie na niezbadane miejsce bestii.

Południowa Palestyna była jednym z najgorszych miejsc, jakie człowiek mógł przeżyć. Gdyby nie umarł z pragnienia, skazaniec musiałby w nie mniej niż dwadzieścia dni przejść przez całe miejsce zalane dzikimi zwierzętami, dla których padlina była czymś więcej niż przysmakiem, poza tym musiałby w cudowny sposób uniknąć nieskończonych szans na to, że zostanie uderzony przez jedno z śmiertelnych żądłów straszliwych czarnych skorpionów. Świadomy surowości swojego wyroku, więzień wypuścił głęboki okrzyk rozpaczy przed zdumionym spojrzeniem wszystkich obecnych, ale nie omieszkał ułatwić pracy swoim braciom, którzy nawet nie musieli go chwytać, aby zabrać go do lochów.

Ullim chciałby, aby jego współplemieńcy ze skrybą byli świadkami tak płomiennego aktu sprawiedliwości, ale nikt nie wiedział lepiej niż on, że jego praca jest zbyt ważna i że nie wolno mu rozpraszać uwagi, która mogłaby zagrozić tłumaczeniu tak czcigodnych pism. To było właśnie jedno z najważniejszych zadań, które *oświecony* powierzył swojemu wiernemu szpiegowi, aby chronić nowego, a tym samym czuwać nad nim. Mając na uwadze ten ostatni pomysł, a także z powodu nie do pokonania nieufności, spieszył do jaskini tak szybko, jak to możliwe.

-Artabanie, przegapiłeś jedną z najbardziej imponujących prób ostatnich lat tutaj, w Masadzie", krzyknął Ullim, gdy przekroczył próg.

-Don't think it was in vain," powiedział czarodziej. -Za kilka dni dostaniesz to, o co prosiłeś.

-Nie może być! -Ullim powiedział ze zdumieniem. -Jesteś tak samo niesamowity jak Baptysta.

-Kto to powiedział? -Artaban zapytał, zdziwił się, gdy odłożył swoje narzędzia.

-Ach, to prawda! Nigdy nie mówiłem ci o moim poprzednim partnerze społecznym", powiedział jego kolega. -Na długo przed twoim przyjazdem dzieliłem dom z naprawdę niezwykłą osobą", kontynuował Ullim, gdy ciekawość Artabana zaczęła rosnąć. -Gdybym ci powiedział, że był jednym z najbardziej ukochanych ludzi w całym regionie Morza Martwego, byłbym ostrożny, bo sprawiedliwość, z jaką podjął się swoich obowiązków, wkrótce doprowadziłaby go do zastąpienia wielkiego Zadoka jako głowy wszystkich Esseńczyków", kontynuował szpieg. -Nie wiemy bardzo dobrze jak, ale dobry Jan zrezygnował z wielkiej przyszłości, jaką miał wśród nas żyjąc na pustyni Samarii, poświęcając się tam tylko chrzcielnicy i pokutie, aby oczyścić się przed następnym i bardziej niż rychłym przyjściem Pana, jak sugerował swoimi słowami na krótko przed swoją rozłąką.

⛫

Surowa burza zaskoczyła ich tuż przed wspólnym pokutowaniem. Niestety, musieliby oni poświęcić zwierzęta wewnątrz tabernakulum, wiedząc, że smród wytwarzany przez wnętrzności przeniknie do środka i pozostanie przez tygodnie, jak kadzidło, które osłabiło takie efekty, stały się rzadkie. Minęło kilka lat, odkąd tak obfita woda opadła, ale ponieważ Artabán po raz pierwszy był świadkiem tak wielkiego wydarzenia, nie zauważyłby nawet różnicy w improwizowanym miejscu. Kapłan, który miał dokonać holokaustu, został wcześniej poinformowany przez Ullima o czynie nowego brata, więc ogłosił głośno, że ta ofiara jest składana na rzecz maga i jego błogości. Zaskoczony tymi słowami, Asur pochylił się z czcią do ołtarza, a potem wszystkie pierwsze owoce ofiary zostały uświęcone. Przelana krew symbolizowała nowe miłosierne przebaczenie i nowe przymierze z Panem, w którym uzgodniono, że Mesjasz przyjdzie szybciej i że armia światłości zwycięży nad armią ciemności pod koniec czasu.

Był tam człowiek, zesłany przez Boga: miał na imię John. Przyszedł po świadectwo, aby dać świadectwo światłu, aby wszyscy przez niego uwierzyli. On nie był światłem, lecz tym, który miał świadczyć o światłości.

Ewangelia Jana

XIV

Jan Chrzciciel stał się największym duchowym przewodnikiem tych biednych ludzi. Nigdy nie wyobrażał sobie, że taka decyzja podjęta bez pełnego przekonania będzie miała taki wpływ, a tym bardziej nie osiągnie takiej skali. Bez potrzeby przeprowadzania spisu powszechnego można by stwierdzić, że odsetek osób osiadłych na brzegach Jordanu wynosił już tysiąc; było to coś zupełnie nowego w tych okolicach, ponieważ nawet w epoce patriarchalnej liczba członków na plemię nie dążyła do wyrównania tej liczby. Było to szczególnie niepokojące dla władz, które już wcześniej rozpoczęły dochodzenie w sprawie tego, co stało się w tym niezwykłym miejscu.

Od kiedy zamieszkał w tej okolicy, Juan postanowił ubrać się tylko w strój z wielbłądziej sierści, który trzymał na ciele za pomocą skórzanego pasa wokół lędźwi. Ponadto, jedyną rzeczą, która służyła jako pożywienie w tym pustynnym miejscu były szarańcza i dziki miód. Taka postawa, typowa dla duchowo chorych, miała znacznie głębsze wytłumaczenie, niż wierzyli jej wyznawcy. Nikt nie wiedział, że Jan był synem byłego arcykapłana Zachariasza i że jego rodowód zniknął po rezygnacji Chrzciciela z zastąpienia ojca w świątyni. Podjął tę decyzję, gdy uznał, że czystość wymagana przez lewicowców dla wszystkich, którzy wejdą do kapłaństwa, nie była respektowana od czasów greckiego osadnictwa na ziemiach żydowskich.

Wyjątkowa zuchwałość heroicznego szpiega w wewnętrznym kręgu Baptystów przyniosła mu niezrównane korzyści, stając się jednym z nich. Nie tylko był on na bieżąco z każdym szczegółem nieszkodliwego ruchu, ale także został upoważniony przez społeczność do bycia jednym z chrzczących. Był tylko dzieckiem, kiedy Nathanael oddał się w ręce gubernatora, aby zostać wyszkolonym w zakresie najskuteczniejszych i najbardziej podstępnych technik szpiegowskich na Bliskim Wschodzie. Po siedmiu latach treningu nadszedł czas, aby sprawdzić jego umiejętności i zostać wysłanym samemu w celu zbadania tego niewytłumaczalnego marabutu ludzi, którzy pewnego dnia mogą zaszkodzić zdrowiu rzeki życia.

Jak jest napisane w Księdze Izajasza proroka - powiedział głośno kaznodzieja wspólnoty - *wysłałem mojego posłańca przed waszą twarz. Który przygotuje ci drogę przed tobą. Głos wołający na pustyni: "Przygotujcie drogę Panu, wyprostujcie jego drogi", powiedział.*

- Uważaj! Muszę ci coś powiedzieć o tym pasażerze - powiedział głośno John, siedząc na kopcu. -O zachodzie słońca przyjdzie ktoś żądający chrztu, którego nie jestem godzien rozpiąć wygiętego paska buta. -Naprawdę ochrzciłem cię wodą do pokuty; lecz ten, kto przyjdzie po mnie, którego kielicha nie jestem godny znieść, jest potężniejszy ode mnie; ochrzci cię Duchem Świętym i ogniem.

-Ale nauczyciel, kto może być większy od ciebie? -Nathanael zapytał.

-Od tego dnia nie będziesz już nazywał mnie panem - odpowiedział Jan pośród ogólnego zdziwienia. -Dowiesz się, że jest jedynym prawdziwym panem, bo żaden mężczyzna nie urodził się z kobiety wyższej niż ta.

-Czy my go znamy? -Mówił głos z wnętrza tumultu.

- Nikt nie zna Jezusa Nazarejczyka bardzo dobrze.

To nie może być prawda, co właśnie usłyszeli. Wszystkie te akcesoria zostały podane tylko dla zapowiedzi kogoś zupełnie nieznanego, ale jednocześnie czcigodnego. Wkrótce pojawiło się oburzenie, a uczucie, że będzie rewolta nasiliło się. Próbując złagodzić utajone niepokoje, niektórzy z najbliższych przyjaciół przywódcy podeszli do tłumu na równinie z sugestią uspokojenia się do momentu nadejścia krętej wizyty. Ale John, w żadnym momencie nie był obojętny na to, co działo się wokół niego i pełen gniewu, zaatakował ludzi.

-Pokolenie żmij! Kto cię nauczył uciekać przed nadchodzącym utrapieniem? -Prosił grożąco. -Dlatego obdarzcie godnymi pokuty owocami i nie zaczynajcie mówić w sobie: "Mamy Abrahama tylko jako ojca naszego", bo powiadam wam, że Bóg może wychowywać dzieci Abrahamowi nawet z tych kamieni", powiedział. Topór jest już ułożony do korzenia drzewa, dlatego każde drzewo, które nie przynosi dobrych owoców, jest ścinane i wrzucane do ognia.

A ludzie pytaliby go: "Więc co zrobimy? –. A on odpowiedział i rzekł: "Kto ma dwa płaszcze, niech da temu, kto nie ma żadnego; a kto musi jeść, niech uczyni to samo".

Potem przyszli do niego celnicy i zapytali go, jak mają postępować w jego sprawie, a on odpowiedział: "Nie wymagaj więcej, niż ci się każe". Niektórzy żołnierze pytali go również, mówiąc: "Co zrobimy?". –. I rzekł do nich: "Nie wymuszajcie od nikogo pieniędzy, ani nie oczerniajcie go, i zadowalajcie się swoimi zarobkami. Z tymi i wieloma innymi napomnieniami zaczął głosić ludziom dobrą nowinę, którą opóźnił, gdy zobaczył osobę, na którą czekał w niewielkiej odległości.

-Oto Baranek Boży, który gładzi grzech świata", wołał. -To ten, o którym ci mówiłem.

A kiedy Jezus przyszedł do Niego, aby zostać ochrzczonym, jak reszta, Chrzciciel sprzeciwił mu się, mówiąc: "Muszę zostać ochrzczony przez ciebie, a ty przychodzisz do mnie? - Ale Jezus odpowiedział mu: "Zostaw nas teraz, Janie, bo tak jest dla nas odpowiednie, aby wypełnić całą sprawiedliwość.

Gdy tylko Jezus wyszedł z wody, duch Boży spoczął na nim w postaci gołębicy i niespodziewanie z nieba wyszedł głos, mówiąc: "To jest mój Syn umiłowany, w którym mam upodobanie.

Kiedy ludzie zobaczyli taki cud, upadli na ich twarze i chwalili siłę swego boga, Pana.

Haniebne jest pokolenie, którego sędziowie zasługują na to, by ich osądzać.

zdanie talmudyczne

XV

Właśnie minęło 30 lat od czasu, gdy cesarz Tyberiusz sprawował urząd. Wszystkie zromanizowane terytoria świętowały wspaniały i pokojowy rząd, porównywalny jedynie do czasów genialnego Gajusza Cezara. Chociaż jednak hałas biesiad wykraczał poza granice możliwości, nie mniej prawdą było, że Ziemia Obiecana nie sprzyjała promowaniu takich czynów, które były zdecydowanie zakazane nawet przez najbardziej pobłażliwych Żydów ze względu na ich skłonność do bałwochwalstwa. Jedynym miejscem, w którym Rzym byłby honorowany, byłby pałac Heroda Antypasa, w tym samym mieście, w którym jego ojciec Herod Wielki spędził lato w Jerychu.

Zasłużył sobie na to przywódca Esseński Zadok, który wybrał Artabana na swego towarzysza podróży; podróży, która miałaby za cel najstarsze miasto na świecie. Gdyby nie magik, nigdy nie zdawaliby sobie sprawy z konieczności ciągłego uaktualniania pism świętych dla ich właściwego zachowania, dlatego też nie widzieli innego przedstawiciela lepiej przygotowanego niż on do udziału w uczcie gubernatora. Paradoksalnie, pomysł ten zdawał się podobać wszystkim bardziej niż ten pełen wdzięku, ponieważ prawda była taka, że w głębi duszy przeplatały się w nim dwa uczucia, jedno emocji, a drugie strachu. Czuł się niezręcznie wiedząc, że Antypas, podobnie jak jego ojciec, dążył do ideału przeciwnego do ideału magów, gdy Mesjasz został zidentyfikowany, ale mimo to był uspokojony faktem, że sprawa zabójstw była tak długo opóźniana i dobrą nowiną, że nigdy się nie powtórzyła.

Zapasy, z którymi wyruszyli do Palestyny, były raczej skąpe, ponieważ opierały się na założeniu, że w ciągu najwyżej trzech dni dotrą do jakiejś wioski, gdzie będą mogli kupić żywność. Konie arabskie, z którymi jeździły, również nie wyróżniały się nośnością, ale ich szybkość sprawiła, że były idealne do jak najszybszego dotarcia na miejsce.

Przyjechali w nocy. Miasto Jerycho było zatłoczone pochodniami i można było je zobaczyć z sąsiednich wiosek, gdzie panowała ciemność. Podobnie jak na innych strategicznych terytoriach, mury pokrywały całą ludność, a jedyne wejście do miasta znajdowało się we wschodniej części miasta; przy tym wejściu znaczna liczba żołnierzy została upoważniona do zidentyfikowania wszystkich tych, którzy poszukiwali dostępu do wnętrza fortu po zażądaniu odpowiednich referencji, ale Sadok został rozpoznany bez słowa i szybko doprowadził go i maga do pałacu, w którym odbywały się uroczystości.

Tej nocy Herod dawał kolację swoim książętom, trybunom i wodzom Galilei; po dowiedzeniu się o przybyciu Zadoka, nie wahał się zaprosić go do stołu bankietowego pośród wielkich zapowiedzi i zaszczytów. W połowie wieczoru, w większości dowodzony rozmowami wojskowymi, gubernator poprosił o obecność w pokoju córki swojej kochanki Herodiady, która słynęła z piękna i radosnych ruchów.

Kiedy wszedł w obecności gości, jego sława została potwierdzona. Była to dość piękna młoda kobieta, szczupła w budowie i o złocistych włosach, które sięgały prosto do talii. Do momentu, gdy zdecydował się zdjąć zasłonę, którą trzymał na twarzy, największa z jego atrakcji pozostała tajemnicą, która ku powszechnemu zachwyceniu była oczami bardziej zielonymi niż same klejnoty. Co więcej, zaczął tańczyć dopiero wtedy, gdy widzowie zostali uwikłani w jego wdzięki, gdy poczuli nieuniknione odurzenie zmysłową ekstazą.

-Poproś mnie o wszystko, co chcesz, a dam ci to", powiedział król, głęboko przemyślany, na zakończenie recitalu. -Wszystko o co prosisz, żebym ci dał, nawet połowę mojego królestwa.

Opuszczając ten pokój na krótko, niezdecydowana młoda kobieta zapytała matkę: "O co mam prosić? –. I ona odpowiedziała mu bez wahania, i rzekła do niego: Głowa Jana Chrzciciela.

Jan Chrzciciel był w lochach od kilku dni. Jego ruch wzbudził wątpliwości i wbrew zwyczajowi został ułaskawiony od kary śmierci, ponieważ w niewielu audiencjach, które miał z królem, pokazał, że mądrze mówił. W swoich przemówieniach wygłosił tylko jeden zarzut do władcy, a mianowicie, że nie uważał za zgodne z prawem, aby wziąć żonę swego zmarłego brata za żonę. Wieść, daleka od upadku na uszy głuchoniemego, zdawała się wykraczać poza uszy Herodiady, nie siedząc zbyt dobrze.

Następnie tancerka szybko weszła do sali bankietowej i zgłosiła swoją prośbę, mówiąc: "Chcę, żebyś dał mi teraz głowę Jana Chrzciciela na talerzu.

Przedstawiciele Qumranite byli pod takim wrażeniem słów młodej kobiety, że Artaban nie mógł się oprzeć i wykonał gest, aby wstać i rozpiąć ten bałagan. Przywódca Esseńczyków, świadomy intencji Wschodu, pośpiesznie ostrzegł go, za pomocą ciosów pod stołem, aby zaniechał swoich celów. Herod też nie był bardzo zadowolony z tego, czego wymagała dziewczyna, ale z powodu przysięgi i tych, którzy byli z nim przy stole, nie chciał jej zawieść. Natychmiast wysłał jednego ze strażników i kazał przyprowadzić do niego głowę Jana; strażnik, wykonując otrzymany rozkaz, przystąpił do obcięcia mu głowy, kładąc ją na talerzu, który trafił w ramiona młodej kobiety. Ona, przerażona i wciąż nie mogąc uwierzyć w frywolność, z jaką działała jej przodka, przekazała tacę Herodiadzie.

Początkowy smutek króla ulżył, gdy przypomniał sobie, że gdy jego ojciec jeszcze żył, wiele środków przeznaczono na prześladowanie wywrotowego proroka, którego opis doskonale pasował do opisu Chrzciciela. Przeciwnie, Artaban był zszokowany tym, że musiałby się rozjaśnić, gdyby naprawdę chciał spotkać Jezusa żywego.

Pierwszym ziarnem racjonalnej duszy jest nadzieja; jest ona źródłem życia.

Filozof Aleksandryjski, Żydowski Filozof

XVI

Zadok tęsknił za ziemią, by go połknąć. Jeśli wieść o brutalnej utracie Jana Chrzciciela była straszna, to jeszcze gorsza była w takim czasie zniknięcie najlepszego pisarza, jakiego kiedykolwiek widziało Morze Martwe. Był głęboko zasmucony, że ktoś tak mądry i życzliwy postanowił zniknąć w tak tajemniczy sposób. Wiedział też, że podróż powrotna będzie wieczna w głębi duszy, gdyż zaraz po przybyciu, zmuszony do powiadomienia swoich wiernych o swoistej śmierci syna Zacharego, ponad połowa z nich opuści grupę w ciągu kilku dni. Z tych wszystkich powodów, chcąc jak najszybciej przebrnąć przez złe czasy, pomyślał, że może zrobić podróż, która kosztowała go trzy dni wcześniej.

Wyszedł następnego ranka zabierając ze sobą swojego osła, niosąc tylko mały pojemnik z wodą. Pożegnał się z królem po spędzeniu całej nocy na żonglowaniu emocjonalnym, aby ukryć głęboko zakorzenioną urazę, którą do niego czuł. Nigdy nie zapomniałby o akcie tyranii tak niskiej, że służyłby tylko do świętowania i bardziej niż kiedykolwiek potrzebowałby ciepłego i przejrzystego powitania, które tylko Ullim potrafił dać.

Wyczerpany po podróży, a przed pojawieniem się przed społecznością, szef Esseńczyków udał się do jaskini uczonych w Piśmie. Tam poznał Ullima, który od razu przywitał go tak, jak się spodziewał. Po opowiedzeniu mu fatalnej historii podróży, opowiedział staremu pisarzowi, że tylko jedno uszczęśliwiło jego podróż w ostatnich chwilach, a mianowicie, że niespodziewanie znalazł w swoich ubraniach rękopis podpisany przez Artabana, w którym mówił spektakularne rzeczy. Jego były kolega, impulsywny jak zawsze, wyrwał go z rąk przełożonego i zaczął czytać:

"Wiadomość od Artabana, Czarodzieja Króla Wschodu.

Kiedy otrzymałem tę wiadomość, nie mogłem w nią uwierzyć, ale prawdą było to, co zapowiadały pisma święte: Mesjasz miał się narodzić i znak jego przybycia będzie widoczny na niebie. Pojawił się znak i stwór narodził się rosnąc w okultyzmie. Mój Bóg wzywa mnie do spotkania z nim, i choć dziękuję wam za wszystko, co dla mnie zrobiliście, śmierć Jana Chrzciciela potwierdza moje podejrzenia, że Mesjasz pracuje w Galilei i zmierzam tam. Mam nadzieję, że będę mógł cię ponownie przytulić, ale w przypadku, gdy nie uda mi się tego zrobić w dniach, które mi pozostały z życia, chcę dać ci najcenniejszą rzecz, jaką do tej pory miałem w poznaniu ciebie. Wśród moich notatek znajdujecie formułę, dla której wielu ludzi dało wszystko, co mieli, na szczęście, w bezużyteczny sposób; nie jest już dla mnie pożyteczna, ponieważ nie dążę do życia bardziej niż wybrańcy, lecz jeśli chcecie obudzić się, gdy pojawi się Mistrz Sprawiedliwości, polecam wam, abyście znaleźli składniki i opracowali eliksir życia wiecznego.

Kto spożywa moje ciało i pije moją krew, ma życie wieczne, a ja go wskrzeszę w ostatnim dniu.

Cytat z Nowego Testamentu

XVII

Nadszedł czas, aby opuścić swój dom i wyruszyć na misję, do której czuł się powołany. Na szczęście, niewielka, ale zwarta grupa uczniów została już wykuta, którzy, choć nadal dyskutowali o tym, co wydarzyło się w Betabarskim niebie, poczuli się trochę oszołomieni w obliczu nieprzejrzystej przyszłości, z którą odważyli się zmierzyć. Jezus zwykł z nimi rozmawiać w bardzo pogodny sposób, ale czyniąc to z ludźmi, wydawał się być przemieniony. Jego styl zwracania się do tłumów był dość autorytatywny, sprawiał wrażenie, że siła, z jaką to robił, pochodziła z większej siły poza nim samym. Używał bardzo wyraźnych gestów, nie dochodząc do gwałtownych tonów, oraz bardzo prostych, ale nie mniej głębokich języków, jak te, których używał w jednym z tych dni, kiedy przybył na zatłoczone brzegi Tyru.

-Błogosławieni ubodzy w duchu, albowiem do nich należy królestwo niebieskie. Nie będzie nikogo, kto nie będzie płakał bez pociechy, ani nikogo, kto łaknie sprawiedliwości, kto nie jest nasycony", powiedział. -Radzę ci zwrócić głuche ucho na każdy faryzeuszowski nakaz, bo udają, że są przez ludzi uznawani za czystych, ale wraz z nim zdradzają prawdziwego skruszonego i pomocnego ducha, którego Bóg domaga się od tych, którzy go miłują.

-Rabbi, nie martwisz się, że będą nas prześladować do tego stopnia, że będą chcieli nas zabić? -Asked Bonaerges, najmłodszy z uczniów. -Wiesz o groźbach, które nam grozili w synagodze.

-Jeśli ten dzień ma nadejść, mówię tylko, abyście się radowali i byli szczęśliwi, bo ten, kto za mnie umrze, nie zrobi tego na zawsze. Ale nawet wy, którzy zostawiliście wszystko dla mnie, otrzymacie sto razy więcej, niż straciliście.

Po tym wrócili do miasta Kafarnaum, z którego przybyli, przybywając tam dwa dni później. Gdy dotarli do wioski, szybko rozeszła się wieść, że Jezus wrócił do domu, a oni natychmiast zostali otoczeni przez duży tłum. Wtedy niektórzy przyszli do niego z paralitykiem, który musiał być niesiony przez cztery osoby, każda z nich umieszczona na jednym końcu noszy. Ponieważ nie mogli się do niego zbliżyć z powodu tłumu, który zatłoczył drzwi, zdecydowali się wywiercić dziurę w dachu domu, gdzie miał się skończyć opuszczając go do swojej obecności. Kiedy Jezus zobaczył wiarę, z którą poszli szukać jego pomocy, powiedział do paralityka:

-Synu, twoje grzechy są przebaczone.

Słysząc to, uczeni w Piśmie, którzy tam byli, myśleli sobie:

"Jak on śmie tak mówić? On bluźni. Kto może przebaczyć grzechy poza Bogiem?"

I czując, że oni tak myślą, Jezus powiedział głośno:

-Dlaczego tak czerpiecie w swoich sercach? Co jest łatwiejsze, powiedzieć paralitykowi, że *wasze grzechy są odpuszczone,* albo powiedzieć mu, żeby wstał, *wziął wasze łóżko i poszedł*? Za to wy możecie wiedzieć, że Syn Człowieczy ma moc na ziemi, by odpuszczać grzechy... -Powiedział tuż przed przemówieniem do paralityka: "Mówię ci, wstawaj, weź łóżko i idź do domu".

Wtedy wstał natychmiast, wziął nosze do prawej ręki i wyszedł przed obecnymi, tak że wszyscy byli zdumieni i uwielbiali Boga, mówiąc

-Nigdy nie widzieliśmy czegoś takiego.

۩

Nigdy nie czuł się jak całkowicie wolny człowiek. Jego duchowa niewola trwała ponad trzydzieści lat, ale w końcu miał nadzieję na wieść o udanej działalności Jezusa. Dowiedziała się, że miała długi związek z Janem Chrzcicielem, a nawet została przez niego ochrzczona w wielkim oczekiwaniu. Wiedziałem też, że jego sława była już rzeczywistością, która nie miała granic i że coraz bardziej się nasilała. Jak można było się spodziewać, towarzyszył swoim naukom z wielkimi cudami, które wzbudziły w ludziach nieuchronną potrzebę pokłonu przed nimi, ale miłosierny i współczujący usposobienie doprowadziło do tego, że ludność potrzebowała go coraz bardziej i że nie kilka razy pragnęli ogłosić go królem.

Jak nigdy dotąd, Artaban wiedział, gdzie się udać. Rozmowa mieszkańców wsi umieściła Jezusa w okolicach Kafarnaum, pierwszego hebrajskiego miasta, w którym kiedykolwiek postawił stopę i jedynego, do którego już nigdy nie powróci. Mimo to, i to nieuchronnie, musiałby zmierzyć się ze swoimi wspomnieniami o zniszczeniu i z kolei kontemplować Tego, który z woli Absolutu byłby prawdziwym pocieszeniem tego wszystkiego.

Koń, którego dostarczyli mu Esseńczycy, nie nadawał się już do tego, więc uznał, że najlepiej będzie wymienić go na Dapple'a i tak zrobił. Udało mu się też wymienić niewielki zysk, którym napełnił swoją torbę jedzeniem wystarczającym do osiągnięcia celu, nie głodując. Zbliżając się do wioski rybackiej, zauważył człowieka, który leżał ciężko ranny na brzegu jednej z dróg królewskich. Szybko wysiadł ze swojego osła i upewnił się, że jeszcze żyje. Ledwie mógł mówić, ale z tego, co czarodziej potrafił zrozumieć między jękami, tak zakończyło się rozliczenie partytur. Natychmiast go nakarmił, a gdy to zrobił, zaczął łagodzić olejem rany, które mnożyły się na całym jego ciele. Odzyskując swoją siłę, zaczął bełkotać rzeczy związane ze spiskiem potężnych Żydów na rzecz wykończenia człowieka, który nie zrobił nic złego i który zdawał się spisywać tylko z zazdrości. Właśnie wtedy zostali wyprzedzeni przez księdza i Lewitę, którzy, odwracając się, by spojrzeć na scenę, zdawali się rozpoznawać rannego. Nie martwiąc się zbytnio o jego smutny stan, poinformowali Artabana, że zaopiekują się nim, ale gdy tylko ich usłyszał, zaczął wypowiadać klątwy w sposób, który wydawał się demoniczny.

-Wszystko, co robisz, to czysta hipokryzja! -On krzyczał. - Twoim jedynym źródłem utrzymania jest ludzkie pochlebstwo! –

-Proszę nie słuchać, co ten biedak mówi. -Włóczy się po Dolinie Szaleństwa od ponad 40 lat.

Dużo żałował, słuchał tego, co mu powiedziano, ale coś w nim skłoniło go do myślenia, że ten człowiek nie oszalał całkowicie. Po wymianie poglądów ksiądz polecił swojemu podwładnemu szybko ją odebrać, ponieważ nie wolno mu było dotykać niczego nieczystego, co zostało przepisane w Torze. Odmówili nawet pomocy, którą zaoferował im Artaban, bardziej martwiąc się o położenie kresu zagrażającej propagandzie, niż o otrzymanie żywności od osoby, którą uważali za nieznaną, co osiągnęli doskonale, biorąc pod uwagę, że nieco później wydawało się, że nic się tam nie wydarzyło.

Teraz mogę umrzeć w pokoju. Było prawie niemożliwe, że taki tłum mężczyzn mógł być spowodowany przez któregokolwiek z nich, bez względu na to, jak bardzo byli utalentowani. O dziwo, był on bliżej Mesjasza niż kiedykolwiek wcześniej, będąc ostatnią przeszkodą do pokonania przez znaczną liczbę ludzi, którzy byli zatłoczeni razem. Jeśli jedno słychać było w tym tumanie, to z pewnością były to okrzyki chwały i wywyższenia dla syna Dawida, którego ślepo wierzyli, że wreszcie ma wśród nich. Zdesperowany po długich latach czekania i frustracji, nie zawahał się dwukrotnie i zapuścił się w tłum. Wtedy to właśnie duże kawałki dachówek zaczęły spadać z dachu domu, w którym stał Jezus i który z powodu swoich rozmiarów stał się bardzo niebezpieczny. Nieszczęście spowodowało, że jeden z największych odłamków spadł na głowę Artabana, który następnie upadł na ziemię. Ze względu na niski poziom świadomości wydawał się uderzać w kości w Szeolu, ale w rzeczywistości wciąż miał lukę, przez którą mógł jakoś uświadomić sobie, co się wokół niego dzieje. Wokół niego utworzył się tłum, z którego kilka osób wyszło, by spróbować go ożywić. Widząc, że jest to niemożliwe i że nie przestał wzywać Jezusa z niewielką siłą, którą pozostawił, mała grupa ludzi pilnie weszła do wnętrza pokoju.

-Mistrzu, wierzymy, że jeden z twoich uczniów może się tam znaleźć, ponieważ nie przestaje cię nazywać, mimo że krwawi na śmierć", powiedział jeden z nich.

Po wysłuchaniu słów obcego, twarz Jezusa zmieniła się całkowicie. Przebijając się przez tłum, zapytał o człowieka, który miał wkrótce wygasnąć. Jeden z jego krewnych, który był odpowiedzialny za obserwowanie z zewnątrz ewentualnego przybycia rzymskich żołnierzy, wskazał mu lekkim ruchem szyi dokładne miejsce umierania. Kiedy dotarł do tego ostatniego, uklęknął i przyłożył ucho tak blisko, jak tylko mógł, do ust Artabana:

- Wybacz mi, Rabbi, spóźniłem się.

Ale Jezus zbliżył się do Niego jeszcze bardziej i trzymając Go delikatnie za rękę, szeptał do Niego:

-Przyjechałeś, bracie. Teraz idźcie w pokoju.

"Całe życie, by cię szukać, tylko sekundę, by cię znaleźć."

Printed by Books on Demand GmbH, Norderstedt / Germany